NHK BOOKS
1291

哲学者たちのワンダーランド［改版］

――デカルト・スピノザ・ホッブズ・ライプニッツ

ueno osamu
上野 修

NHK出版

目次

Ⅲ部　ホッブズ——同意しなかった者も、今となっては残りの者に同意しなければならない。さもなければ……

Ⅳ部　ライプニッツ——世界の理由は隠れている　181

校　閲　大河原晶子
DTP　㈲緑舎

凡例

デカルトのテキスト（主に『省察《せいさつ》』、『方法序説』、『世界論』）は一つの章が長いので、アダン・タンヌリ版デカルト全集（*Œuvres de Descartes*, publiées par Ch. Adam et P. Tannery, Vrin, 1996）の巻と頁で箇所を示す。たとえばA. T., VI, p. 11は第六巻の一一頁ということ。ホッブズの『リヴァイアサン』も章が長いので、原著にある見出しを添えて示すことにする。ライプニッツのテキストはさまざまなソースがあるので、そのつど示す。スピノザの『エチカ』は部・定理等で。そのほかのものについては適宜、部・章・節等で。なお引用文は、邦訳のあるもの（文献案内を参照）はそれを参考にし、適宜手を加えている。執筆にあたって依拠した原典は次の通り。

デカルトについては
・*Œuvres de Descartes*, publiées par Ch. Adam et P. Tannery, 11 vols., Vrin, 1996.

スピノザについては
・*Spinoza Opera*, im Auftrag der Heidelberger Akademie der Wissenshaften hrsg. von Carl Gebhardt, 4 Bde. Heidelberg, Carl Winters 1925/1972.

ホッブズについては
・*The English Works of Thomas Hobbes of Malmesbury*; Now First Collected and Edited by Sir William

Molesworth, Bart., (Bohn, 1839–45). 11 vols.（モールズワース版英語著作集）

・*Thomae Hobbes Malmesburiensis Opera philosophica quae latine scripsit omnia*, in unum corpus nunc primum collecta / studio et labore Gulielmi Molesworth. (Bohn, 1839–55). 5 vols.（モールズワース版ラテン語著作集）

ライプニッツ『形而上学叙説』と『モナドロジー』は

・Leibniz, *Discours de métaphysique suivi de Monadologie*, Gallimard, 1995.

同じく『弁神論』は

・Leibniz, *Essais de théodicée*, Garnier-Flammarion, 1969.

同じく『人間知性新論』は

・Leibniz, *Nouveaux essais sur l'entendement humain*, Garnier-Flammarion, 1966.

その他『諸事物の根本的起源』などライプニッツの断片、書簡は

・G. W. Leibniz, *Textes inédits*, éd. par Gaston Grua, 2 vols., P. U. F., 1948.（グリュア版）

・*Nouvelles lettres et opuscules inédits de Leibniz*, éd. par L. A. Foucher de Caleil, Auguste Durand, 1857.（フーシェ・ド・カレイユ版）

・*Opuscules et fragments inédits de Leibniz. Extraits des manuscrits de la Bibliothèque royale de Hanovre*, éd. par Louis Couturat, Félix Alcan, 1903.（クーチュラ版）

・*Die philosophischen Schriften von Gottfried Wilhelm Leibniz*, herausgegeben von C. I. Gerhardt, 7 vols., Weidmannsche Buchhandlung, 1875–1890.（ゲルハルト版）

序章

世界の底が抜けたとき

　バーナード・ウィリアムズの『デカルト』という本を読んでいたら、ストンと心に落ちて来ることが書いてあった。哲学史は思想史ではない、というのである。思想史（history of ideas）は水平的な歴史の流れの中で思想を浮き上がらせる。たとえばデカルトを研究するときでも、思想史は後世の視点を持ち込んではならない。先立つ伝統、同時代の文脈の中で、あるテキストが何を意味していたか、あるいは何を意味しえたか。これが思想史の関心事だからである。哲学史（history of philosophy）はどうかというと、哲学史はむしろ、そのテキストで何が問題となっているのかということに関心がある。問題を明らかにするには、われわれ自身がデカルトの思考に分け入り、現代のわれわれの言葉でそれを哲学的に再構成するしかない。要するに、〈思想史〉は歴史のジャンルに属するが、〈哲学史〉はその研究対象と同じジャンル、哲学に属する。で、私のこの本は思想史でなく哲学史なのだ、とウィリアムズは断っている。*1

本書も、基本的に同じ方針でやっていきたいと思う。十七世紀の哲学史、なのだけれど、学説史や論争史というふうにはしたくない。むしろ、彼らの問題がわれわれの哲学的な問題になりうるかぎりで、当時の哲学者たちのテキストを読み直す。そういうふうに進めたい。ただし現代の勝手な思い込みでテキストを汚染しないように気をつけながら、である。

古くさい過去の書物の埃《ほこり》をはらうようなことをして何のよいことがある、と思われるかもしれない。しかし、哲学的思考というものは見いだされるたびに、まっさらで新しい。ときには見たこともないものだってある。(そうでないものは放っておけばよい。)こういう発見が哲学史の楽しみであり、今より少し賢くなる道でもある。

それにしてもなぜ近世、十七世紀なのか。まずはそのあたりから始めたい。

なぜ十七世紀か

申し訳ないが、十七世紀は私のお気に入りなのである。とりわけ、デカルト、スピノザ、ホッブズ、ライプニッツ。これだけスケールの大きい哲学者がどっと輩出する時代というのはそうざらにはない。あの時代、哲学は今よりずいぶん無頼であったような気がする。今あげたビッグネームのうち、だれひとり大学教授はいない。デカルトはオランダ中を引っ越しし回り、スピノザはユダヤ教団から破門されて天涯孤独。ホッブズは亡命先パリから本国の革命の行く末をうかがい、ライプニッツはヨーロッパのあちこちを飛び回って席が暖まることもない。彼らはみな多かれ少なかれガリレオの近代科学にコミットし、神学部からにらまれ、知的世界でさながら一匹狼のように生きた。こういう荒々しいというか、野方図というか、そういうところに彼らの哲学の魅力がある。「私は成年に達して自分の先生たちの手から解放されるや否や、書物の学問をまったく捨てた」[*2]。デカルト『方法序説』のこの言葉は、読むたびにはっとさせられる。頼むものはもはや何もない。すべては自分の新たなプロジェクトにかかっている。そういう気概は彼らに共通している。

そのためか、彼らの哲学はいきなり始めるというところがあって、この時代のひとつの特徴となっている。有名なデカルトの『省察』は、一生に一度、信じていたことのすべてを根こそぎくつがえしてみよう、と始まる。スピノザの『エチカ』は何の断りもなくいきなり定義と公理で始め、ほんの数ページで「神」の存在に到達してしまう。ホッブズはホッブズで、国家論の前にまずは物体論だと言ってなぜか「計算すなわち論理」から始めるし、ライプニッツは、これもいきなり誰も聞いたことのない「モナド」の話を始める。何を言い出すのだこの人は、というところが、みなまことに面白い。

こういう唐突さは、彼らの哲学のプロジェクト的性格から来るのだと私は思う。それ以前、哲学は久しく注釈をこととしていた。アリストテレス注解、プラトン注解、そしてそれら注解の注解というふうに。中世もルネサンスも基本的にそうである。ところが十七世紀、哲学は突然注釈であることをやめ、それぞれ単独で開始されるプロジェクトとなる。デカルト・プロジェクト、ホッブズ・プロジェクト、みたいに。こんな途方もないことになるのは、彼らの哲学にある種の「無限」が入り込んでいるからだと私は思う。帳《とばり》が外れて落ち、プロジェクトとともに無限が現われる。これから見てゆくように、後にも先にも、こんなに無限が、思考のいたるところで深淵のように口を開いていた時代はない。それが「理性の世紀」、十七世紀である。

世界の底が抜ける

あらためて紹介しておこう。ホッブズ（Thomas Hobbes, 1588-1679）はイギリスの哲学者。九十一歳まで生きた。デカルト（René Descartes, 1596-1650）はフランスの哲学者。ホッブズと論争している。スピノザ（Baruch de Spinoza, 1632-1677）はオランダの哲学者でユダヤ人。そして一番若いライプニッツ（Gottfried Wilhelm Leibniz, 1646-1716）はドイツの人。彼は晩年のスピノザにわざわざ会いに行っている。本書ではおもにこの四人に登場してもらう。ライプニッツだけは十八世紀にかかっているが、その意味はあとで触れることにする。

十七世紀は、いわば世界の底が抜けてしまった時代だ。よく言われるように、科学の勃興とともに世界は地球中心に閉じた宇宙から、どこにも中心のない無限宇宙になる。[*3] 地理的にも大航海とともに西洋の外部が露呈してくる。政治的にはチャールズ一世の処刑に象徴される革命の時代だ。いろんな意味で、それまで自明だった足元の支えがふっと消え、底が抜ける。そんな世紀である。そしてこの時代、哲学も底が抜け、ある種の「無限」が口を開く。

たとえばデカルトのテキストには至る所に無限が顔をのぞかせる。宇宙の無限、神の無限。そして人間が決断する意志の無限。とりわけ神の意志の無限はそら恐ろしい。デカルトの考えでは、2足す3が5になる、今の瞬間に次の瞬間が続く、といったことには何の必然性もない。ただ神が意志してそのようにしているからそうなっているというのである。もちろん、神はもし欲するならそうでないようにすることもできた。いや、今この瞬間にも、できないわけではない。デカルトは本気でこんなことを考える。[*4] すべては制約なき神の意志にかかっており、2足す3が5でないこともそれ自体としては不可能ではない。しかしもしそうなら、世界は計り知れない神の意志に支えられてかろうじてこんなふうになっているだけで、いつ底が抜けてもおかしくないではないか。いや、実はもう底は抜けていて、私が気づいていないだけかもしれない。底が抜けてもなお、これだけは動かすことが不可能だと言えるようなものがはたしてこの世に一つでもあるだろうか。デカルトの確実性の探求は、こんなふうに底なしの無限に飛び込むところから始まる。

スピノザも同じぐらい過激である。スピノザの無限は外がないということを特徴としている。彼が定義し証明する『エチカ』の神は、それ自身で存在する外なき無限である。どこまで行っても外がないので、存在するすべてはその中になければならない。だからわれわれの現実がこれしかないのは当然で、神が現実そのものなのである。こんなふうに、スピノザでは世界自身が底なしの無限者になってしまう。およそ起こりうることはすべて神の必然から起こり、必然は神の無限の力能そのものである。そうスピノザは考えていた。[*5]

ホッブズの場合は国家論に無限が現われる。『リヴァイアサン』は共通の権力が存在しない自然状態を考える。するとそこでは不正を判定する第三者が存在しないので、各人は自分のためならどんなことでもしてよい権利がある。これがホッブズの言う「自然権」、無制約の自由である。ホッブズのプロジェクトは、われわれはこの法外な無限をどう処理しえているのか、という問いをめぐっている。何をしても不正でないということは、何をされても不正呼ばわりできないということだ。無限の権利は互いに両立しない。そのままだと「万人の万人に対する戦争」は必至である。これを回避する道はただ一つ、自然権を放棄しそっくり主権者に譲り渡すという契約を相互に結ぶ、あるいは結んだことにする。これしかないとホッブズは言う。ホッブズの解決は、契約による無限の転位に存する。今度は国家が無制約の自然権を持つことになり、国家はそれ自身のためなら何をしてもよい権利がある。ホッブズの政治世界はこんなふうに至高の権力のところで底が抜ける。彼が国家を最強の怪物レヴィアタン（リヴァイアサン）に喩《たと》え「可死の神」と呼んでいるのは酔狂ではない。[*6]

世界の修復

しかし……こんなふうにあちこちで底が抜けてしまっていいのだろうか。彼らの無限は正直言って、どれもかなり不気味で不可解である。パスカルも宇宙の無限におののくが、その比ではない。いったいこんな世界で、われわれはまだやすらう場所があるだろうか。実際この時代、哲学はしばしば世間から危険視された。彼らがあからさまに体制や宗教を否定したというわけではない。事実、デカルトは乳母の宗教のカトリックを捨てず、ホッブズもスピノザも（それぞれ不思議な仕方ではあるが）聖書の預言者の権威を擁護していた。本当の問題は、彼らとともに出現した無限の脅威にある。

少し遅れてやって来たライプニッツにはこのことがわかっていた。それで憂慮したのだと私は思う。ライプニッツの壮大なプロジェクトは、法外な無限を処理可能な論理空間の中に回収して手なずけること、そうやって底が抜けた世界を修復することに存する。微分法、結合法、無限をそれぞれの視点から映し出す内部としてのモナドとその位階、無数の可能世界、神の最善世界選択、予定調和。彼の天才的なアイデアはすべてこのプロジェクトへの寄与として見ればよくわかる。彼がどうしてデカルトを、ホッブズを、そしてとりわけスピノザをあんなに批判し非難するのかも。[*7] もちろん、彼らの無限の封印にライプニッツが成功したかどうかは自明ではない。それは本書で見届けよう。しかしいずれにせよ、まるで彼が成功したかのように「近世」は終わり、われわれの近代が始まる。十八世紀に足をかけたライプニッツが微妙な位置にいるのはそのためである。

様相の観点から

以上が本書に登場する哲学者たちのエントリーである。十七世紀哲学史をこんなふうに考えると、「デカルトの心身二元論」とか「スピノザの神即自然の一元論」、「ホッブズの機械論的唯物論」、「ライプニッツのモナド論」というふうに学説で比較するよりも、無限と様相の観点から特徴づけるほうが事柄が見えやすい。「様相」(modality)とは、可能と不可能、偶然と必然、この四つ組のことである。*8 たとえばデカルトの無限は懐疑が露呈させる〈不可能の不在〉に関わり、彼の確実性はそうでないことが絶対に不可能なものの発見と関わっている。「コギト」もそういう観点から考えてみる必要があるかもしれない。スピノザの無限が〈別様の可能性のなさ〉、すなわちわれわれのいる世界の絶対的な必然に関わっていること、これも間違いない。ホッブズの主権の無限は自然権放棄の取り返しのつかなさに関わっている。権力はいつから主権になっていたのか。どうして服従の義務は取り消せなくなるのか。ホッブズの中心にはいつもこの〈取り消し不可能〉というある種の様相が横たわっている。最後に、様相はライプニッツでは形而上学の中心に据えられる。ライプニッツの無限は一言で言えば〈可能の総体〉である。論理的には無限に多くの可能世界が考えられ、現実はその中から選ばれた一つにすぎない。

デカルトの不可能、スピノザの必然、ホッブズの取り消し不可能、そしてライプニッツの可能。どれもみな「現実」というものの形而上学的身分に深く関わっていることが今から予想される。

ただの事実が現実なのではない。実際、事実を明らかにする、とは言っても、現実を明らかにするとは言わないし、反対に、厳しい現実、とは言っても、厳しい事実とは言わない。「事実」はあるかないかだけが問題だが、「現実」はそんな悠長なことは言っていられないリアルな何かである。われわれが一度たりともその外に出たことのないこの現実、だれも逃れることのできないこの現実、それはいったい何なのか。こうした問いから、もう一度彼らの哲学を読み直してみること。そして彼らの開いたちょっと怖い無限を脇から覗き込んでみること。これが私の考える十七世紀の哲学的な楽しみかたである。

……ということで、さっそく始めよう。まずはデカルトから。

Ⅰ部
デカルト

私はある、私は存在する

第一章

確実性に取り憑かれて

デカルトには同時代のフランス・ハルスによる肖像画がある。大きな白い襟とマントのような黒装束で、少し斜めに構えたデカルトがまっすぐこちらを見つめている。ずいぶん古めかしい衣装だが、考えてみればこれはアレクサンドル・デュマの『三銃士』の時代だ。デカルトも若いころ志願士官として従軍した。なかなか剛毅な人で、旅の船中で追いはぎに変貌した船頭たちを、やおら剣を抜き放って制圧したという。肖像画のデカルトはもう若くないが、たしかに強い意志と静かな自信、そして見る者を退かせる軽い拒絶のようなものを感じさせる。

ルネ・デカルト（一五九六—一六五〇年）はフランスのラ・エの法服貴族の家庭に生まれた。当時の名門ラ・フレーシュ学院で勉強し、卒業後ポアチエ大学で法学士号を取っている。そして従軍。「冬がまだ終わらぬうちに私はまた旅に出た……」[*1]。『方法序説』（*Discours de la méthode*, 1637）の中の、私の好きな言葉である。デカルトを知りたければ、自らの知的遍歴を語る『方法序説』を読むのがよい。何かに憑かれたかのように青年デカルトは祖国を去り、「書物の学問」を捨てて旅に出る。「私は、私の行動において明らかに見、確信をもってこの世の生を歩むために、真なるものを偽なるものから分かつすべを学びたいという極度の願望を常に持ち続けていた」[*2]。彼はいつも移動しているが、どこにあっても同じひとつの「極度の願望」から離れない。その度外れた願望のために、彼は自分だけの密かな、しかし法外な企てに従事することになる。それは「哲学」という名のプロジェクトだった。

一人っきりのプロジェクト

デカルトは彼の「哲学」をこんなふうに描いている。

哲学は一本の木のようなものであって、根は形而上学、幹は自然学、幹から出ている枝は他のもろもろの学問であり、これらの枝は三つの主要な学問、すなわち医学と機械学と道徳とに帰着する。[*3]

『哲学原理』（*Principia philosophiae*, 1644）の序文（仏訳版）である。今日われわれが思う哲学と違って、ずいぶん話が大きい。今なら科学やテクノロジーにあたるような領域まで哲学と考えているのがわかる。大事なのは、これはただの学問分類ではなく、一本の木、一個のリサーチプログラムの全体だということだ。しかもデカルトは、それをたった一人の単独プロジェクトと考えていた。今なら考えられないことである。

『方法序説』第二部に彼の発想が述べられている。一人の建築家が設計してできた建物は、いろんな人が補修や建て増しをしてきた建物より秩序があって美しい。町もそうで、古い城下が偶然にまかせてだんだん大きくなったような都市はごちゃごちゃしてみっともない。何もない土地に一人の技師が思いのままに都市設計すれば、どんなにすっきりするだろう。同様に、何の論証もなしにいろいろ違った人々の意見から建て増されてきた「書物の学問」より、きちんと立てられた問題について一人の人が自然に行う単純な推論のほうがずっと真理に接近している。私はその流儀で行く。私の計画は、私自身の考えを改革し、まったく私だけの土地にしっかりしたものを建てることだとデカルトは言う。[*4]

それにしてもまあ途方もないプロジェクトである。一本の木にたとえられた彼の哲学は「私は考える、ゆえに私はある」の形而上学から始まり、自然法則の説明を経て、天空・恒星・遊星・彗星を配した宇宙の成り立ち、地球・空気・水・火・磁石などの自然現象の説明に及ぶ。さらにデカルトは身体メカニズムの研究に邁進し『情念論』(*Les passions de l'âme*, 1649) を著わす。これは哲学の木の最後の成果、道徳論に相当する著作であった。この全プロジェクトを彼は単独で立ち上げ、遂行したのである。

その理由は一つには、ほかにあてにできる学問がなかったということがある。デカルトは実生活に関わる「判明で確実な認識」の獲得を期待して勉学を始めたが、まったく期待はずれだった。彼が学んだのはヨーロッパ随一の学院である。だから「先に人々が私に期待させたような学説はこの世に一つもない」[*5]という彼の判断は、ただの傲慢ではない。彼はまるで荒野に一人でいるようなものだった。

もう一つの理由は、「私の行動において明らかに見、確信をもってこの世の生を歩むために……」という言葉からもわかるように確実性の希求は彼の人生とひとつになっていて、この点に関して他人に任せるわけにはいかなかったということだ。だれもあてにできないしだれに任せることもできない。「私は自分で自分自身を導くよういわば強いられていた」とデカルトは言っている。[*6]デカルト・プロジェクトは真理の探究である以前に、確実性の探究であった。そういう探究は哲学以外になかったのである。いまあげた二つの理由を順に見ていこう。

あてにならない学問ばかり

『方法序説』第一部は、デカルト自身が学んだ学問を振り返って吟味する。[*7]結果は大きく三つのグループに分けられる。確実性と縁のない学問。確実性としか縁のない学問。そして、確実性を求められるのに欠いている学問である。

確実性と縁のない学問は、今で言う人文学に相当する。語学、古典、詩、雄弁術、歴史、倫理、そこに実学としての法学、医学、さらに神学が加わる。こういう学問には長い伝統があり、誠実で、それなりの有用性があるとデカルトは認める。勉強すれば知識が増え、教養が増し、社会に出てからも名誉や富の獲得に資する。けれども彼の求める「確実性」にはまったく縁がない。まあそうかな、という蓋然的な論拠ばかりで何の証明もないからである。

反対に、確実性としか縁のない学問は数学である。「私は何よりも数学が好きだった。論拠の確実性と明証性のゆえである」。しかしこれだけでは何の役に立つのかわからない。

そして、確実性を求められるのに欠いている学問。それは哲学である。当時教えられていた哲学は「スコラ哲学」と呼ばれる。この伝統は予想される反論とその論駁というスタイルをとり、それなりに厳密な論証を旨としていた。そこは他の人文学と違うところである。にもかかわらず、デカルトの求める「確実性」はそこにはなかった。

哲学は幾世紀もむかしから、生を享《う》けたうちでもっとも優れた精神の持ち主たちが培ってきたのだが、それでもなお哲学には論争の的にならないものはなく、したがって疑わしくないものは一つもない。これを見て、私は哲学において他の人よりも成功を収めるだけの自負心は持てなかった。それに、同一のことがらについて真理は一つしかありえないのに、学者たちによって主張される違った意見がいくらでもあるのを考えあわせて、私は、真らしく見えるにすぎないものは、いちおう偽と見なした。*8

ただの皮肉ではなくて、これは切実な問題だった。そんなに優秀な人たちの間でも、哲学では一人の言ったことで他のだれかがその反対を主張しなかったようなことはほとんどない。数学のように、証明すればそれ以外の答えはない、というふうになっていないのである。対立する論証はどれもそれなりに「真らしく見える」ので、かえってどれが正しいのか決め手がない。とすればどれも偽と見なしてスルーするしかない。

以上がデカルトの下した診断だった。ほかに錬金術、占星術、魔術というのもあるが、デカルトは似非《えせ》学問として取り合わない。初期にはオカルトへの関心があったかもしれないが、確実性への情熱がこれを棄却する。その点でデカルトはルネッサンス的な魔術的世界に無縁である。ともあれ、これで彼が自分一人でプロジェクトを立てるしかなかったことがわかる。それは何か人文学的でない、どちらかというと理系的な学問で、まだ見つかっていない基礎にもとづく。そしてこの基礎は「真らしく見える」だけではだめで、少なくとも数学と同程度の確実性をそなえていなければならない。プロジェクトの形而上学の部分はもっぱらこの確実な基礎の探求に当てられるだろう。

思考を改造する

数学と同じような確実性をデカルトが求めていることはわかった。「真理への正道を求める者は、数論や幾何学の論証に等しい確実性を獲得できないいかなる対象にも携わってはならぬ」[*9]。初期の草稿『精神指導の規則』(*Regulae ad directionem ingenii*, 1651) のこの宣言はそうした方針をはっきり示している。彼は数学に没頭する。しかしべつに数理哲学のようなものを目指していたわけではなさそうだ。実際、デカルト哲学にはあまりそういうところは見受けられない。むしろ彼が求めていたのは数学による思考習慣の改造だった。数学を諸問題に適用するというよりは、数学で自分の思考を改造する。ここは『方法序説』で一番わかりにくいところかもしれない。そこで、数学の応用、ではなく、数学が範型となるデカルト的確実性の本性そのものについて考える必要がある。

確実性というと、われわれはつい程度の差で考えてしまう。ほぼ確実にそうだ、とか、そういう確実性は乏しいとかいうふうに。まるで確率何パーセントと言っているようなものである。しかし確率(プロバビリティ)はデカルトが「蓋然的」(probable) とか「蓋然性」(probabilité) と呼んでいたもののことである[*10]。ほぼ間違いなく確実だ、と言ったって、その「ほぼ」というところで、実はそうでないという可能性が残る。デカルトが人文学を捨て去るのは、その論拠が蓋然的でしかないという理由からだった。もちろん「ほぼ確実だ」というほうが「確実性に乏しい」よりも実践的に頼りになるのは間違いない。でもそれが確信の度合い、程度の差なら、本性上の違いはない。「そうでない可能性」はつねにあって、それが大きいか小さいかというだけのことだ。こういう蓋然性としての確実性はつねに経験に開かれていて、いつでもそうでない余地が残る。蓋然性はいくら高くなっても蓋然性で、それ以上ではない。

それに対し、数学的確実性はまったく違う。2たす3は5という計算ができる者はだれであろうと、一挙に、それ以外ではありえない唯一の真理に到達している。ほぼ確実に5だ、とか、6になる確実性はまずない、などとは言わない。確実に5だと知っている。5以外の可能性は、どうやったって考えられない。

> 一つのことについては一つの真理しかないのだから、その真理を見つける人はだれでも、それについては人の知りうるかぎりのことを知っているわけである。たとえば、子どもが算術を習って、その規則どおりに足し算すれば、その子どもは計算している総和については、人間精神が見いだしうるすべてを見いだしたと確信してよい。[*11]

この種の確実性は程度の差ではない。端的に、5以外は不可能としか考えられない。そういう不可能性に思考が現に突き当たっていること、それが数学的確実性ということだ。

こうしてデカルトの求めていた確実性（certitudo/certitude）を定式化することができる。Pという命題があって、その反対、つまり非Pが不可能であるとき、Pは確実である。非Pではないかと疑うことは事実上できないのだから。[12] デカルトが『精神指導の規則』で「確実不可疑の認識[13]」と言っていたのはこういうものであろう。このタイプの確実性は、そうでないことの不可能性という不可能様相を伴う点で、蓋然性とまったく異なる本性を持っている。

デカルトはこういう確実性を持たないものはどれほど「真らしく」見えても真理として受け入れないよう思考改造に努めた。数学を実地にやることがその役に立ったのである。『方法序説』が回顧するように、その効果は現われ、デカルトはこう思えるようになってくる。「人間が認識しうるすべてのことがらは、同じやり方でつながり合っている。真でないいかなるものも真として受け入れることなく、一つのことから他のことを演繹《えんえき》するのに必要な順序をつねに守りさえすれば、どんなに遠く離れたものにも結局は到達できるし、どんなに隠れたものでも発見できる[14]」。『方法序説』第二部のいわゆる「方法規則」はこのガイドラインとして理解できる。一、不可疑のものしか真として受け入れないこと。二、問題を有限な思考プロセスで扱えるパーツに分割すること。三、単純から複雑へと認識の順序を想定して進むこと。四、最後に見落としがないかチェックすること。[15]「方法規則」はどういう学問に適用されるのかというふうに考えない方が私はよいと思う。方法は思考改造の訓練メソッドなのである。

こう見てくると、それとセットになった『方法序説』第三部のいわゆる「暫定的道徳」の意味もわかってくる。こんなにせまく確実性を取るなら、真理の探究以外はほとんどが蓋然性の領域に落ちる。だから実生活においては世間の慣習に従い、とにかく蓋然性の高そうな意見に従うべきである。そして一度そう決めればあたかも確実な意見であるかのように見なす……。[*16] こうしたデカルトの実践的格率はただの保守主義や老獪《ろうかい》ではない。真理の探究における確実性へのあまりにラジカルな妥協のなさがそれをいわば強いるのである。

第二章

不可能に出会うこと

デカルトは哲学者でもけっこう著名な部類に属するだろう。「われ思う、ゆえにわれあり」は名文句として知れわたっていて、たいていの人は聞いたことがある。けれど、われわれは自己意識があって自分の存在に気づいている、なんて自明じゃないか。なぜそんな当たり前のことで哲学は騒ぐのかといぶかる方もいらっしゃるだろう。デカルトは「方法的懐疑」の果てにそれを見いだしたと言われる。でも、なぜそんな当たり前のことを確かめるのに「すべてを疑う」などと大げさなことをしなければならないのか。そもそも「懐疑」っていったい何なのか。本章はこのあたりの話から始め、デカルトの「われあり」が全然当たり前でないことを見てゆきたい。そこで『方法序説』はひとまず脇に置いて、デカルト形而上学の神髄、『省察』に入っていくことにしよう。

一生に一度

『省察』(*Meditationes de prima philosophia*, 1641)の第一省察「疑いをさしはさみうるものについて」の冒頭はこんなふうに始まる。

すでに何年も前に、私はこう気づいていた——まだ年少のころに私は、どれほど多くの偽であるものを、真であるとして受け入れてきたことか、また、その後、私がそれらの上に築き上げてきたものは、どれもみな、何と疑わしいものであるか、したがって、もし私が学問においていつか堅固で揺るぎのないものを打ち立てようと欲するなら、一生に一度は、すべてを根こそぎくつがえし、最初の土台から新たに始めなくてはならない、と。*1

「一生に一度」とは尋常ではない。ふつう、哲学にしろ何にしろ、学問はこれが最後、などということはないはずだ。なのに、一生に一度、これを最後にけりをつけようというのである。

デカルトが確実性に取り憑かれていたということを思い出していただきたい。問題になっているのは真理の探究以前に、確実性の探究、なのである。デカルトの言う確実性は、ほぼ確実だ、とか、かなりのところ確実だ、とかいった確信の度合い、すなわち蓋然性とは関係がないということを前章で見たのだった。2たす3は5になるとか三角形の内角和は二直角になるだとかいうときの数学的確実性と少なくとも同等の確実性。そういう確実性をデカルトは哲学に求めた。蓋然性は「そうでない可能性」につねに開かれている。たとえばカエサルがルビコン川を渡ったことはほぼ間違いないと思われるが、実は渡っていなかったという可能性がまったくないとは言えない。衝撃の事実がいま明かされる、みたいに。だが2たす3が5ということに関してはそういうことはありえない。数学的確実性は「そうでないことの不可能性」と一つになっている。そんなふうに、そうでないことが不可能な何か、非Pが絶対にありえないP、これがデカルトの求める確実な命題だった。

だから、すべてを根こそぎくつがえし、最初の土台から始めようというのである。吟味してくつがえってしまうようなものは、はじめから蓋然的な命題の上に乗っかっていたからくつがえる。そういう疑わしいものには眼もくれず、絶対にくつがえらないものが残るかどうかだけを見届ける。もし残るなら、それがプロジェクトの基礎となるべき「最初の土台」である。それは、いま言ったような、非Pが絶対にありえないP、〈そうでないことが不可能な命題〉でなければならない。

この不可能は、いまのところ不可能だが将来可能になる、というような不可能でないことは言うまでもない。2たす3が5でないことはいまのところ不可能だがいずれ可能になる、とはだれも考えない。デカルト的確実性の「そうでないことの不可能性」は、可能に決して転化しない最終的な「ありえない」である。もしそういう不可能に出会うことができるなら、それは決定的で最終的な出会いとなろう。「一生に一度」とデカルトが言っているのはそのことである。絶対的な確実性を求める試みは一生に一度、心を決して遂行すべきものであって、何度もやってみるような性質のものではない。これを最後に、ただ一度。ドラマチックに見えるが、実はこれはデカルトの求める確実性の特徴を表わしているのである。

大げさな懐疑

こう見てくると、デカルトの懐疑がふつうの疑いでないことがわかってくる。ふつうの疑いは「ひょっとすると真犯人はAでなくBかもしれない」のように、蓋然性の範囲内にある。Bかもしれない何パーセントかの蓋然性があるからこそAという断定を疑う。デカルトの懐疑が知識のそういう信頼性を吟味しているのだと思うなら大間違いである。デカルトにとって蓋然性の度合いはどうでもよい。むしろ、蓋然性からすればどんなにありそうもないことでも、不可能と言い切れないなら「実はそうかもしれない」と疑う。この懐疑はだから信憑性や蓋然性ではストップしない。不可能との出会いだけがストップさせる。デカルトの懐疑はいわば、動き出すと途中で止めることのできない不可能検知器なのである。

懐疑はだいたいこんなふうに進む。私はときどき見間違ったり聞き間違ったりすることがある。段差と見えずにつまずいたり、声をかけると人違いだったりする。ならば、いまも間違っていろんなものを見たり聞いたりしている可能性がないとは言えない。けれども、自分にはこんな手がありこんな顔がある、そしていまここにこんなふうに座っているということについて、実はそうでないなんてことがありうるだろうか。いや、ありうる。これはずっと夢かもしれないからである。しかし、いくらなんでも2たす3は5だとか四角形は四つの辺しかないとかいうことまで間違っているなんてことは、ありえないだろう。いや、それもまったくありえないとは言えない。間違っていないと思い込むように何者かによって仕組まれているのかもしれないではないか……。

そこで私は、真理の源泉である最善の神がではなく、ある悪い霊が、しかも、このうえなく有能で狡猾な霊が、あらゆる策をこらして、私を誤らせようとしているのだ、と想定してみよう。天も、空気も、地も、色も、形も、音も、その他いっさいの外的事物は、悪い霊が私の信じやすい心を罠にかけるために用いている夢の計略に他ならない。また、私自身、手も持たず、眼も持たず、肉も持たず、血も持たず、およそいかなる感覚器官をも持たず、ただ誤って、これらすべてのものを持っていると思い込んでいるだけだ……。*2

馬鹿げた想定ではある。デカルト自身、これは「大げさな懐疑」だと断わっている。*3 しかし、いくら馬鹿げていても、そんなことは絶対ありえないとは言えない。この言えなさが問題なのである。こうして「そんなことはありえない」は「そんなことだってありうる」に次々と転化し、不可能の限界はどんどん向こうに退いてゆく。

デカルトの懐疑に対してはいろいろ批判がある。たとえば、懐疑は何かちゃんとした懐疑理由があるから懐疑と言えるのであって、こんなのは疑いとは言えないという批判。たしかに感覚的知覚がときどき間違うからといって、いつも私を欺いているのではないかと疑う理由にはならない。夢だって、現実そっくりの夢なら夢だと疑わせる理由はそもそもない。もっともな話だが、このたぐいの批判はデカルトの懐疑を見誤っていると思う。デカルトは何かポジティブな理由があるから疑っているのではない。懐疑の理由はそんなところにはない。デカルトの懐疑理由は、不可能が現われない限りすべては可能に見える、ということに存するのである。

同様に、いったい「悪い霊」みたいなものを想定するどんな根拠があるのかと尋ねるのも的を外している。デカルトは何か根拠があって「悪い霊」の可能性を主張しているのではない。デカルトは最終的には、こんな馬鹿げた想定はみな否定するのである。けれども否定するには根拠がいる。問題は、その根拠となるべき不可能性がこうした想定そのものに含まれていないことなのである。

懐疑によって開かれるこの底なしの可能性はたしかに不気味である。これが何を意味するのかはいずれあらためて考えたい。ともあれ、もしデカルトがありそうもないこうした可能性を本気で信じて主張しているのだったら、懐疑はほとんど狂気と区別がつかなくなってしまうだろう。だが懐疑は狂気ではない。懐疑が望んでいるのはただ一つ、確実性と一つになった不可能が現われて、懐疑を最終的にストップさせてくれることである。

私はある、私は存在する

そして、ついに不可能が現われる。それは「私はいない」という命題である。それはこんなふうに現われる（第二省察）。世界にはまったく何ものもない、天もなく、地もなく、精神も身体もない、そう私は自分自身を説得したのだった。「それならば、私もまたない、と説得したのではなかったか」。否、とデカルトは言う。自分を説得したのなら、私は存在していたはずだ。欺くなら力の限り欺くがよい。あの悪い霊がどれほど私を欺いても、この私が存在していないということには決してできない。

このようにして、私はすべてのことを存分に、あますところなく考えつくしたあげく、ついにこう結論せざるを得ない。〝私はある、私は存在する〟というこの言明は、私によって口にされ、精神によって考えられるたびごとに必然的に真である、と。*4

デカルトは「必然的に真」と言う。これはとても強い言い方だ。「私は存在しない」が偽でしかありえないのなら、当然、「私は存在する」は必然的に真である。これはまさに、非Pが不可能なP、なぜかこれだけはそうでないことが絶対ありえない確実かつ不可疑な命題である。

しかしそれはどういう種類の必然なのだろう。まさか、私が神みたいに必然的に存在しているという意味ではあるまい。私は自分が偶然的存在だと知っている。では、「私は存在しない」の不可能性とは何なのか。これは大問題である。その一つの解釈として、現代の哲学者ヒンティッカによる説明*5を次に紹介してひとまずこの章を終わろう。

「デカルトは存在しない」。これは何も問題のない言明である。だってもうデカルトはとっくに死んで、存在しないのだから。けれども、それを本人が口にするとどうなるか。

「デカルトは存在しない」とデカルトが言う

これは不可能である。文そのものはまともでも、それを本人が言うと自己破壊的で無意味な言明になってしまう。いま、本人がそれを言う、というところを自動化するために、「デカルト」を「私」で置き換える。するとこうなる。

「私は存在しない」と私が言う

もちろんこれも自己破壊的である。「私」が指しているのはそう言っている本人に決まっているので「……と私が言う」は省略できる。すると「私は存在しない」はだれが口にしても自己破壊的で不可能な言明になる。言い換えると、その反対、「私は存在する」は、自己確証的な言明になる。たしかにこの言明はいつだれがどこで口にしようと、言われるというまさにそのことで真になり、偽になることはありえない。これがデカルトの「必然的に真」という意味である。

ヒンティッカの議論はだいたいこういうものだが、どうも腑に落ちないところがある。たとえば、私がこの原稿を書くのに昼夜ぶっ通しでほとんど白昼夢状態になっていると、忽然《こつぜん》とデカルトがあの黒装束で目の前に現われ、私は腰を抜かしそうになる。大丈夫、とデカルトは声をかけてくれる。「私は存在しないから安心したまえ」。あるいは恋人がある日、あなたに打ち明ける。「私は実は存在していないの」。こういう場合、言明「私は存在しない」は可能に思える。聞いた方は、そうだったのかとわかるのだから。しかし私自身が「私は存在しない」と言うときはそうはゆかない（ように思える）。

そもそも、デカルトが発見したのはヒンティッカの言うような言明の遂行的不整合のようなものだったのだろうか。もしそうなら、「私はある、私は存在する」の私は発話者一般の一事例としての私にすぎないことになるだろう。この解釈だと、「私は存在しない」の不可能性に出会っているのは言語の使用であって、懐疑の極限で消えそうになっている私ではない。ヒンティッカの解釈は不可能に眼を向けている点で、自己への現前みたいな意識の事実性で満足する凡百の解釈よりもはるかにすぐれていると思う。でも何かが足りない。「私は存在しない」の不可能性に出会っている当の存在。デカルトが、私はある、全能の欺き手さえ私がないことにはできない、と書き付けていたその存在。それは結局何なのか？

第三章

私はある、私は存在する

デカルトの「われ思う、ゆえにわれあり」を続けよう。

文字通りには、「われ思う」が前提になって「われあり」が結論されているように見える。私は意識している、ゆえに存在している、というふうに。しかしその程度のことならデカルトを持ち出すまでもない。前章で見たように、デカルトのすごいところはそういう意識の事実の話ではなくて、「われあり」をある不可能との最終的な出会いとして発見したということだった。私は現実を目にしていると信じている、が、すべては全能の欺き手の仕組んだ夢かもしれない。何一つ本当は存在していないことはありうる、つまり可能である。しかし「この私もまた存在しない」ということ、これは、そしてこれだけは、絶対的に不可能だ。したがって「私はある、私は存在する」(ego sum, ego existo) は必然的に真である。『省察』ではこんなふうに、「われあり」は「われなし」の不可能からただちに結論される。そのかぎりで「われ思う」に出る幕はない。続くデカルトの言葉は決定的である。「いまや必然的に存在するところの私がいったいいかなるものであるか、私はまだ十分には理解していない」[*1]。それは結局「考えるもの」つまり精神だということになるのだが、大事なのは、そのことが判明する前に、何だかわからないXとしての「われ」がなぜかもう必然的に存在している、ということだ。

これは『省察』という著作に特徴的な点かもしれない。ポピュラーな「われ思う、ゆえにわれあり」は『方法序説』や『哲学原理』に出てくる形だが[*2]、どこか分析のプロセスをはしょって標語化した気配を感じさせる。デカルトは『省察』の進め方を「分析的」と呼び、思考のプロセスを重んじていた[*3]。そのプロセスを大事にしようとすれば、「われ思う」に先立つ、この、存在しないことが不可能な何かとしての「私」について考える必要がある。

どういう意味の不可能か

どうして不可能なのだろうか。私みたいなものが存在しないことは十分可能に思える。両親が出会っていなかったらこの私は存在していなかっただろうし、物理的に言っても地球や私が存在しているほうが不思議である。私が存在しない宇宙が物理的に不可能だとはとうてい思えない。デカルトはどういう意味の不可能を言っているのだろうか。

まず、いま言ったように物理的に不可能という意味ではない。私がこの世界に存在していないことは物理的に十分可能である。概念不可能という意味で不可能なのでもない。私は自分が存在していない事態をいつでも考えることができる。そうでなければ、私が生まれてこなかったなら、とか、私が死んでしまったならという想定すらできないはずだ。もちろん論理的に不可能という意味で不可能なのでもない。四角形が三つしか辺を持たないことは論理的に不可能だが、私が存在しないとしても論理的には何の矛盾も生じない。

では、それはヒンティッカの言っていたような語用論的な不可能だろうか。ヒンティッカによれば、「デカルトは存在しない」とデカルト自身が言うことはできない。一般的に、「私は存在しない」と有意味に言うことはだれにもできない。本人が自分のことを存在しないと言ったって、何を言ってるのかわからないからである。――しかし、そうだろうか。私が現実だと思っているものが実はすべて夢で、そこに登場している人々が突然「私は存在しないのです」と告白し始める。前章で示唆したように、これは有意味な言明である。ヒンティッカの論拠は、「私は存在しない」という言明はだれをも説得できない、ということにあった。けれども、「私は存在しない」と私が戯れに言うとき、そうだと思っていたよとだれかが納得してしまったらどうなるのか。私がそのだれかの見ている幻や夢でないということを、どう証明すればよいのか。

こんなふうに「私は存在しない」という命題それ自身に不可能なところは何もない。物理的にも、概念的にも、論理的にも、語用論的にも、それを不可能にするような理由は見当たらない。

「私」と自分のことを言う一人の人間がそこにいないというだけで世界の存在が不可能になるわけがないのだから、当然と言えば当然である。

しかし「私は存在しない」にはもう一つの意味がある。面白いことに、自分の死を考えることはできるでしょうかと聞くと、もちろんできる、と言う人と、いや不可能である、と言う人が出てくる。できると答える人は、たいてい自分を切り抜いた世界を想像していて、そういう世界が現実になっている場合のことを考えている。それはもちろん、考えうる事態である。そうでなければだれも生命保険に入ったりしないだろう。反対に不可能と答える人は、世界のほうではなく、自分がいないというそのことを現実として考えようとしている。こちらはどうやっても考えられない（ご自身でやってごらんになるとよい）。ということはつまり、「私は存在しない」には二つの意味があって、「私のいない世界」という意味に取れば十分可能な命題だが、「私が現実にいない」という意味に取ればこれはどうしても不可能なのである。デカルトの言っているのはおそらく後者の不可能にちがいない。

現実でないことが不可能なもの

たしかに、現実に私がいないということは思考不可能だ。デカルトが発見したのはこの不可能である。そう考えないと、彼の言っている不可能の意味がわからない。そしてそう考えれば、「私はある、私は存在する」という命題がなぜ必然的に真であるのかも腑に落ちる。それは、私が存在していないような現実はない、絶対に不可能だ、という意味なのである。この不可能は、現実の中身がどうなっていようと動かない。だからどんな疑いをもってきても私は確実に存在する。

普通「存在する」と言うとき、何かがどこかに存在すると人は考える。机が部屋に存在する、地球は太陽系に存在する、というふうに。ところがいま懐疑の果てで考えなければならないのは、「何か」もわからず、「どこに」もわからないまま、「私というXは存在する」を考えるという異例のケースである。しかし、私が何であろうと、また世界がどうなっていようと、こんなふうに私が疑っているという現実は確かにある。世界はすべて非現実かもしれない、が、そんなふうに「かもしれない」と考えている私が現実でないことは不可能である。そういう意味で、「私がない」ということは現実にはどうしてもありえない。これがデカルトの言いたかったことだった。

いま、だれか知らぬが、きわめて有能で、きわめて狡猾な欺き手がいて、策をこらし、いつも私を欺いている。それでも、彼が私を欺くのなら、疑いもなく、私もまた存在するのである。欺くならば、力のかぎり欺くがよい。しかし、私が自らを何ものかであると考えている間は、決して彼は私を何ものでもないようにすることはできないであろう。*4

このできなさ、不可能は、並大抵の不可能ではない。何をどうにだってできる全能者の手管をもってでさえ不可能、なのである。くどいが、不可能なのは、私を現実でないようにすることだ。

こう見てくると、デカルト・プロジェクトの第一の発見は非常に強い意味の「現実」の発見だったことがわかる。現実とは何かと問われれば、そりゃ、ほら、この、これに決まっているじゃないかと人は言うだろう。が、懐疑が露呈させたように、「この、これ」のほうには現実でなければならぬ必然性がない。そう思わされているだけかもしれないと想定できてしまうのだから。ならばこう言わねばならない。もし何かが現実だと言えるとすれば、それはこの私が現実だからだ。なぜならこの私、そしてこの私だけは、唯一現実でないことが絶対に不可能な何かだから。

デカルトがはっきりさせたのはこのことだった。「現実」という言葉はデカルトの用語ではないけれど、発見の現場に即して理解すればこういうことだったのだと私は思う。いずれにせよ、これほどまでに強い現実概念を見いだした哲学者はデカルトが最初で最後かもしれない。

私とは何か

すると、デカルトが最初に見いだしたのは意識の主体とかなんとかというよりはむしろ、中身のわからない現実を中身がわからないままに縫い止めて固定する、いわば〈現実固定点〉のようなものだったと言うべきだろう。「この現実」と言っても、そんなものはないかもしれない。「いま」、「ここ」と言っても、まったく間違っているのかもしれない。それでもなお、ひとつ絶対に確かなことがある。それは、事態がどうなっていようと、また私が何であろうと、私があるところ、そこが現実である、ということだ。これが「私はある、私は存在する」の意味である。

いったん固定されたなら、では何が現実なのか、その現実はどうなっているのか、と中身を問うことができる。デカルトはこのあと自分が「考えるもの」であることを証明し、神の存在を証明し、自分がいる世界の存在を証明するというふうに進めてゆくのだが、それはみな、それが私の現実だったのだ、の「それ」を充当する事後的なプロセスとしてこそ意味がある。

だから「われ思う」は「われあり」の先に来るのではない。それは「では現実にある私とは何なのか」という問いの答として、分析の続きでやって来るのである。分析のやり方は完全な消去法である。私について「ないことが不可能」と言えるものだけを残して、あとは容赦なく削ぎ落としてゆく。自分には手や頭がくっついている身体があると信じていたが、欺き手によってそう思い込まされているだけかもしれない。そんなものは実は存在していない可能性がある。ならば、現に存在している私は身体の(現代風に言うと脳の)中を駆けめぐっている微細な何かではない。では何なのか、と、どんどん削ぎ落としてゆく。すると最後に、こんなふうに「何なのか」と考えていることが残る。考えていること、そう、これだけは私から切り離すことができない。これを切り離すと、もう私は現実でなくなる……。

私はある、私は存在する。これは確かである。だが、どれだけの間か。もちろん私が考えている間である。なぜなら、もし私が考えることをすっかりやめてしまうならば、おそらくその瞬間に私は、存在することをまったくやめてしまうことになるであろうから。[*5]

おそらくその瞬間に私もろとも現実が消失する。それは思考の行き止まり、限界である。そして、「考えるもの」だけがこの限界に到達できる。不可能に突き当たる限界と一緒にしか「考えるもの」が姿を現さないことに注意しよう。その意味で、「われ思う」は「われあり」の真理にとってやはり本質的である。意識を失っている間はどうなるのだという突っ込みを入れたくなるが、それは確実性の問題とは別であろう。

デカルトは「私の存在証明」をやったと言う人がいるが、違うと思う(実際、デカルトは証明に数え入れていない[*6])。これは証明なんかではない。「私」を定義する絶対的な不可能に突き当たる、いわば限界の経験なのである。実際、証明なら証明の根拠がいる。「かくかくしかじか、ゆえに私はある」のように。ところが「私はある」の確実性は「私はない」の思考不可能そのものとして見いだされる。それにはかくかくしかじかで不可能だ、という根拠づけがない。根拠づけは、世界は物理的・論理的にこうなっているから不可能だ、というかたちをとらざるをえないが、それができない段階で、すでに端的に、思考不可能なのである。したがって、『省察』への反論に答える中でデカルトが言うとおり、「われ思う、ゆえにわれあり」は推論ではない[*7]。むしろそれは、不可能の限界経験をひと言で表現する定式である。すなわち、私が現実でないような現実は不可能であり、この不可能は思考のリミットとして存在するということ。これは覆すことの不可能な真理なのである。

第四章
無根拠なる支えとしての神

哲学は真理の探究である。もちろんどんな学問も真理を探究しているのだが、哲学は、あれこれの真理を見いだすというよりは、「真理」とは何なのかということ自体を探究する。いわば「真理」そのものの真理を問う学問、それが哲学である。デカルトが抜きん出て面白いのは、この真理という謎に肉薄していたからにほかならない。

デカルト・プロジェクトは確実な学問（科学）の樹立をめざしていたのだった。その基礎付けには形而上学が必要であるとデカルトは言う。今日の科学者から見るとよけいなおせっかいのように見えるかもしれない。そんなものがなくったって科学はやってゆけるし、現にやっているのである。けれど、しかし、なぜやってゆけているのか？

デカルトはそこまで考えようとしていたのだと思う。前章まで、デカルトの懐疑とそのリミット、「私はある、私は存在する」について見てきた。次は神の存在証明である。「神について、神は存在するということ」と第三省察のタイトルは告げる。なぜそこまでやるかねえ、とお思いになるかもしれない。だがこれらすべては、そもそもなぜわれわれは真理を探究しうるのか、というとてつもない問題に関わっているのである。デカルトの答は、欺く神ではなく真理の源泉としての神が現実に存在するから、というものだった。これをご都合主義と言うのは簡単である。哲学史ではしかし、すぐにわかった気になって批判しないことが大事だ。なぜ神の話になるのか、そしてそれがわれわれにとってどういう意味を持つのか、虚心坦懐に見てゆきたい。

真理という問題

どんなことについても絶対に誤らない方法がある。本当にPかどうかは別として、少なくとも私にPと思えている、と主張するのである。いやひょっとすると思えてないかも、というふうには絶対ならない。デカルトにもそれに類する議論がないわけではない。私が見ているこの机は本当は存在しないかもしれないが、少なくともそういうものを見ている「と思える」ことに誤りはありえない。こういうタイプの議論にデカルトの独創性を見る人もいる。[*1] だがそれだけなら、夢かもしれぬものをそっくり現実とリネームして、すべては私の思いである、みたいな独我論を決め込めばすむはずだ。デカルトはそうしなかった。

よく見ると、いまの主張は真理のことは何も言っていない。デカルトも言うように、思考（観念）とは、何かについての思考、Pについての思考である。私にPと思えることが本当にPであること、それが一般に真理ということだ。思考ははじめから真理という問題に関わっている。デカルトの問題は思いではなく真理なのである。

考える私が存在する。これはそうでないことが不可能であるがゆえに必然的に真なのだった。とすれば、そうでないことは明白に不可能であるという不可能性こそが、間違いなくそうである、という真理の基準になっていなければならない。ところが、私にいくら不可能だと思えても、それだけで本当に不可能だという保証は実はない。第三省察を見てみよう。デカルトは自問する。2たす3は5になる。そうでないことは不可能に思える。しかしこんなに明白に思える事柄でも、神のような全能者なら欺くことはわけがないはずだ。

神の全能についてのこの染み込んだ考えが浮かんでくるたびに、私は、もし神がその気になりさえすれば、私が精神の眼でこの上なく明証的に直観すると思う事柄においてすら私を誤らせるのは、神にとってたやすいことである、と認めざるをえない。しかしまた、私は、私がきわめて明晰に把握すると思っている事柄自体の方に向き直ると、そのつど、そういう事柄をまったく確信してしまい、思わず次のように叫ばずにはおられない。欺けるものならだれでも私を欺くがよい、しかし、私が自分を何ものかであると考えている間は、決して私を何ものでもないようにするわけにはゆくまい、あるいは、私はあるということが現に真であるからには、私は決して存在しなかったということをいつか真にするわけにはゆくまい、あるいはまた、2たす3を5より多くしたり少なくしたりするなどといったことは決してできまい、と。*2

ここには可能と不可能の間で引き裂かれる「私」がある。私にはそうでないことは絶対に不可能としか思えないのに、実はただそう思わされているだけ、などということがはたしてありうるか。もしありうるなら真理という概念そのものが崩壊するであろう。「私」の本質が考えることに存するだけに、この可能性は深刻である。2たす3が5でないことは不可能としか思えないのに、実はその思いが間違っている。全面的に欺かれていて虚偽だけでできているようなそんな思考を、まだ思考と言うことができるだろうか。

何もそこまで深刻化させなくても、と思われるかもしれない。だがそこまでしないと見えない事柄もある。それは、2たす3が5でないことなどありえないようにしているのはこの私ではない、ということだ。ならば不可能はどこからやってくるのか。神が問題になるのはこのときである。

永遠真理創造説

そこでデカルトは二つの問題を解かなければならない。「神はあるかどうか、また、もしあるとするなら、欺瞞者でありうるかどうか」[*3]、である。これが知られないかぎり、いくら「私はある」は確かでも、ほかのことに完全な確信を持つことは望めない。この問題に決着を付けるのが神の存在証明だった。

それにしてもなぜ神なのか、現代のわれわれにはピンと来ないかもしれない。そこでデカルトの一風変わった真理の考えについて一瞥しておく必要がある。

2たす3は5のような必然的な真理を、当時の哲学者は「永遠真理」と呼びならわしていた。2たす3が5以外になることはどんなときにもありえないので、〝永遠〟と形容するのである。さて、妙な言い方になるが、この真理が必然なのは必然なのだろうか。デカルトの答えは驚愕すべきものである。必然であるというそのことには何の必然性もない。ただ神がそれが真であるように欲したからたまたま必然になっているだけだと言うのである。たとえば三角形の内角の和は二直角に等しい、というおなじみの真理。

〔……〕神が三角形の内角の和が二直角に等しくあるように欲したのは、神がそれとは違ったようになりえないと認識したから、ではないのです。そうではなくて逆に〔……〕神が三角形の内角の和が必然的に二直角に等しくあるように欲したから、それゆえに今やそのことが真なのであって、それと違ったようにはなりえないのです。[*4]

つまり、必然的真理は必然的に必然なのではない、神が欲するなら違うものでありえたであろう。だから三角形の内角の和が二直角に等しくないことだってありえた。デカルトは本気でそう考えているのである。*5

これは哲学史で「永遠真理創造説」と呼ばれるものだが、こんな変なことを考えていたのはあとにも先にもおそらくデカルトだけと思われる。キリスト教には無からの創造という考え方がある。神は無から世界を創った。デカルトはそれを真理についても主張する。神は無から永遠真理を創造した。現実の世界がこんなふうであるのは神がそう欲して創造したということ以外に何の根拠もない。同じように、2たす3は5という真理にも、神がなぜかそうであるように欲したということ以外の根拠はない。なぜもへったくれもない、神は全能だからどうにでも欲することができたのだとデカルトは考えるのである。

デカルトとともに世界の底が抜ける、と私が言っていたのはこのことである。たしかに、なぜ2たす3は5にしかならないのかと言われても、いや、現にそうにしかならないようになっているのだ、と言うしかない。何ごとも結局は、なぜかそうなっているのだとしか言えない。言葉は変だが、デカルトの神は、数学的真理まで含めて現実をこんなふうにしているところの、無根拠なる支えなのである。(全能の欺き手という想定はここから出てきたのだった。)

神の存在証明はだから、単なるご都合主義ではない。神は存在するのか、そしてそれは欺く神か欺かない神か。デカルトはわれわれが何ほどかまともに思考できている条件を決定しようとしているのである。それがなければ私の「思い」が何かについての思考ですらないことになってしまう条件、デカルトが神と言っているのはそのことだ。

神の存在証明

第三省察には二つの神の存在証明がある。いずれも、「神がいないのに神の観念を持った私が現に存在している、などということは不可能である」という形をとる。私が現に存在する以上、神も存在するのでなければならない。いずれの場合も、私は神を無限で何一つ欠けるところのない完全なものとしてしか考えられない、ということがポイントになっている。ざっと見ておこう。

まず第一証明。[*6] 現に存在していることを疑えない私は、少なくとも「われ思う」の私である。思考は何か「について」の思考でなければならない。何の観念か区別がつく程度のリアリティが観念ごとに表現されているということだ（デカルトはこの思考内リアリティを「対象的事象性」realitas objectiva と呼んでいる）。私はほかのものがたとえ存在していなくても現実に存在すると言える何かなのである。夢かもしれぬような大概のものの思考内リアリティくらい私から出てきてもおかしくない。けれども「神」の観念はどうか。神の観念は無限のリアリティを表わしている。もしその対象的事象性が私から出てくるのだったら、私が最高に完全な神だということになるだろう。だが、あれこれ疑っているこんな私が完全なはずがない。とすれば、無からは何も出てこないのだから、私から出て来れないほどに大きなこの思考内リアリティは神そのものから出てくるしかない。ゆえに神は存在する。

第二証明は、私は自分を存在させる力がない、その私が間違いなく存在するのだから、私を現に存在させている何かが存在する、それは神である、と進む。[*7]私は無限で何一つ欠けるところのない神という観念を持っている。もし私が自分で自分を存在させているのなら、さっさと神になっていただろう。だが私は、次の瞬間に私を存在させる力すらない。存在させているものは私ではない何かである。いま私は現実に存在しているのだから、その何かは現実にそれ自身で存在する力を持つもの、つまり神以外にはない。ゆえに存在するのは私だけでなく、神もまた存在する。(このほかに第五省察になって出てくる第三の証明があるが省略する。[*8]存在を欠いた神を考えることは不可能である、ゆえに神は存在するという、いわゆる存在論的証明である。)

これで証明になっているのかと言われると、心もとない。実際、デカルトは証明の過程で「そうでないことはありえない」というまさに問題になっている不可能のカードをいわば許可なく切りまくっているからである。ついでのように証明される神の誠実性も、欺くなんてことは不完全のしるしで神にふさわしくないという、わかったようなわからないような証明しかない。[*9]とはいえ、これらの証明に妙にリアリティがあるというのも本当だ。それは、デカルトが始終、不可能という壁に手を沿わせるようにして分析を進めているからだと私は思う。この壁は私が自分で設けたものではない。自分の思いで左右できるものではない。不可能は、すでにそれだけで、私にとって絶対的に他なるものなのである。デカルトの神は嘘をつかないいい人みたいなものではない。それはもっと不可解な何か――それ自身はあらゆる不可能の彼方にいて、そこから一方的に不可能を決定し、私も数学の真理もすべて含めたこの現実を別なふうにはありえないようにしている何ものか、である。

科学は数学なしでは成り立たないが、数学が実在世界とつながっているということは、考えてみるとちょっと不思議である。デカルト・プロジェクトはこの基礎付けの企てだった。すなわち科学がやってゆけるのは、世界と永遠真理とそれを認識するわれわれが同じ一つのストローク（神による無からの創造）で存在させられているからなのである。このあと第六省察で、デカルトはそういう数学の対象となりうるものだけが物体的事物として実在すること、そして「われ思う」の私はそれとまったく別な、精神と呼ぶべき何かであることを証明する。「私」は科学の対象領域には現われない。[*10] 脳と私という現代の悩ましい問題はそこに始まっていた。

第五章
心身問題とその彼方

ふりかえってみよう。絶対間違っていないと言えるような確実なものがあるか。デカルトはすべてを疑ってみたのだった。私がこんな体を持っていて暖炉の前に座っている世界は本当は存在していないのかもしれない。2たす3だって本当は5でないのかもしれない。だがたとえそうでも、かく疑っている私が存在していないことは不可能である。私はある、少なくとも考えている私は存在する。これは絶対に間違いのない現実だ。——そこまではいい。で、世界のほうはどうなっているのか。デカルトは『省察』の最後の第六省察で、世界がちゃんとあることの証明を試みる。現実を支えている欺かない神が存在するので、2たす3はやっぱり5だし、やっぱり私はこんな体でここに座っている、というのである。なんだ、結局元に戻るのかとちょっとがっかりしてしまう。
この章ではデカルトのいわゆる「心身問題」を取りあげる。心身二元論はあまたの批判にさらされてきたテーゼだが、その多くは的外れに見える。デカルトを擁護してあげたいぐらいだ。けれども、だからといってすとんと腑に落ちるわけでもない。このもやもやした感じをはっきりさせてみたいと思う。

矛盾?

精神と身体はまったく相容れない二つの別々のもの（実体）である。これがデカルトの「実在的区別」（distinctio realis）、リアルな心身の区別というテーゼである。ところがデカルトは、にもかかわらず両者は一つに合一して一個の人間になっているとも主張する。それは矛盾でしょうとしばしば言われてきた。いや一方は形而上学的主張でもう一方は日常経験の話だから、使い分ければ問題はないという解釈もある[*1]が、どうかと思う。私が気になるのは、そもそも二つの主張は、言われているように同時に主張すると矛盾するのだろうか、ということだ。第六省察から、問題の箇所を引き出してみよう。

おそらく――あるいはむしろすぐあとで述べるように間違いなく――私は身体をもっており、これが私ときわめて密接に結びついているにしても、しかし私は一方で、私がただ考えるものであって延長をもつものでないかぎりにおいて、私自身の明晰で判明な観念をもっているし、他方では、身体がただ延長をもつものであって思考するものでないかぎりにおいて、身体の判明な観念をもっているのであるから、私が私の身体から実際に分かたれたものであり、身体なしに存在しうることは確かである。*2

私は「考えるもの」、精神であり、広がり（延長）を本質とする身体とは別物である、でもやはり身体をもっている。――たしかに変な感じがしないでもない。しかしよく見れば、別に矛盾はないのである。二つの主張をそれぞれ「心身区別」・「心身合一」としておこう。心身区別は、私は考えるもの、精神であり、傍点を付したとおり「身体なしに存在しうる」（posse existere）という主張である。これに矛盾するのは「身体なしに存在しえない」という主張であろう。もし心身合一がそういう主張なら、デカルトは間違いなく矛盾している（論理的に）。が、実際はそうではない。私が身体と緊密に結びついていることを事実だと認めても、だからといって身体なしで存在しえないということにはならない。だってそうではないか。事実結びついて存在しているとしても、結びつきは偶然かもしれない。偶然なら、私は仮に身体がなくったって「存在しうる」。というか、少なくともその不可能を言うことにはならない（論理的に）。実際、懐疑の中でこんな身体は存在しないかもしれないと想定したとき、だったら私もまた存在しないということにはならなかった。もし心身合一が必然ならそうなっていたはずである。心身合一の主張はだから、身体なしの存在が不可能であることを含意しない。精神である私が「身体なしに存在しうる」という心身区別の主張に矛盾しないのである。

様相表現の意味

問題はむしろ、「存在しうる」というその「うる」（posse）という微妙な言い方が何を意味しているのかということだ。あまり注意されないが、デカルトは心身の「実在的区別」を述べるとき、ほとんどきまってこういう様相表現を用いる。たとえば次を見ていただきたい。傍点は私が付けている。

私は、私が明晰判明に理解するものはすべて、私の理解するとおりに神によってつくられうるということを知っているのであるから、一つのものをもう一つのものなしに明晰判明に理解しうるなら、それだけで、この二つのものが異なったものであることを確信しうるのである。なぜなら、それらは、少なくとも神によって、別々に定立されうるはずであるから。また、どのような力によってそういうふうに定立されうるかということは、それら二つが異なったものとみなされるためにはどうでもよいことである。*3

一方を他方なしに明晰判明に理解できるなら、それだけで実際にそれら二つは異なったものである。なぜそんなふうに言えるのだろう。たとえばアヒルウサギの騙し絵がある。同じ線描がアヒルのように見え、ウサギのようにも見える。[*4] 一方は他方なしに明晰判明に理解できるが、そこにはたった一つの線描しかない。実際デカルトの「実在的区別」に対しては、同じ一つのものを二つの見方で抽象しているだけではないかという疑問が早くから向けられていた。[*5] これに対するデカルトの答弁は、今の引用にあるのと同じである。すなわち、私が明晰判明に可能として認識するすべてのものを、そのとおりになしうる神が存在する。私が一方を他方なしに存在しうると理解できるなら、それだけで、それら二つは神の力によって実際に別々の存在として措定されうる、だからそれらは別個の実体だ、というのである。[*6] たしかに、AとBがもし同じものだったら、別々に存在することはいかな神の全能をもってしても不可能である。逆に、もし別々に存在することが少なくとも可能なら、それらが同じものであることは絶対にありえない。この分離存在の現実的な可能性をデカルトは神の力に基礎づけているのである。

現代でも心身問題は決着を見ない。心は脳の活動から生み出される現象なのだろうか、それとも何か脳とは別の実体なのだろうか。脳なしで思考するのは無理ではないかとだれもが思う。だが、いくら脳の活動をモニターしても、あ、これはデカルト第六省察の理解だ、とか、あ、これはおなかがすいたと思っている、とか識別することはできない。本人も、モニターの記録をあとで見せられて、あ、これがおなかがすいているです、などと識別することはできない。もちろん本人の思いは本人には直接わかるし、脳状態は脳状態だけでわかる。一方は他方なしに明晰判明に理解される。だがそれだけでは、心と脳が別個の二つのものなのか、本当は同じ一つのものなのか、決め手はない。決め手は、デカルトが言うとおり、それらが実際に別々に存在しうるかどうか、なのである。脳なしで存在している心にわれわれは出会ったことがないので、経験ではわからない。そこで、神ならば実際にそのようにできるはずだという切り札をデカルトは持ち出す。これがデカルトの様相表現「うる」の意味である。現代のわれわれはそんな大胆な切り札をもたないので、この問題の決着がつかないのは当然といえば当然かもしれない。

心身の合一

さて精神と身体は別個の実体だとして、両者はどうやって結びついているのか。これはたしかに難問である。「考えるもの」である私は身体のような物体と違って、大きさも形もない。幅何ミリとも言えないし何センチ動いたとも言えない。にもかかわらず、広がりのない私がこの身体と緊密に結ばれ「いわば混ざって」おり、指の先まで行きわたって身体とともに一体を成している。*7 そんなことがどうやって可能なのか？　今風に言うなら、身体部位の損傷の引き起こす脳状態がどうしてこの痛みというクオリアなのか。これはデカルトにも説明できない。せいぜい「いわば混ざっている」という比喩でわかったような気になるしかない。

不思議なことに、デカルトはこれをさほど深刻な問題と考えていない。応答から察すると、彼はこう考えているのではないかと思われる。どんなふうにかが言えないからといって合一が明白に不可能だということにはならない。(不可能とは2たす3が5でないというような明白に不可能なことを言うのである)。だったら、合一がわれわれの知らない仕方で神によって実現されていても、それはそれでまったく問題はない。どうやって、ということは知らされないが、それで神がわれわれを欺いていることにはならない。神のなしうるすべてをわれわれが理解できる必要はないからである。むしろ心身合一の経験は、明晰判明でないもののそれなりにリアルである。実は身体はありませんでしたということになっているなら、それこそ神はわれわれを常時欺いていることになるだろう。だからこう言ってよい。私は間違いなく身体と別な存在だが、間違いなく身体と合一している。

それでもどこか

こうしてデカルトは心身の区別と合一を同時に主張する。デカルトは批判を浴びるが動じない。彼にはどこがおかしいのか合点がゆかないのである。しかしたとえ明白な矛盾や不条理が見当たらなくても、やっぱり心身二元論の議論にはどうもしっくりこないところがある。なぜだろうか。あらためてここまでをふりかえってみよう。たとえこの身体を含む世界が存在していないとしてもこの私は存在する。そうでないことは不可能である(本書第三章)。そしてその私が存在しているのに神が存在していない、ということも不可能である(本書第四章)。これはいずれも、そうでないことはありえないという不可能の話だった。ところがこの章で見てきたことは、身体を含む世界が、それも純粋数学の対象(つまり広がりをもつもの)であるかぎりにおいて、現実に存在しうる、そうなっていれば話がうまくいく、という可能の議論になっている。もしそうなっていればたしかに科学にとって非常に都合が良い。だがどうしてもそうでなければならない必然、つまり、あのデカルト的な「そうでないことの不可能」にわれわれは出会わない。

問題はおそらくここにあるのである。たとえ身体を含む物体世界がないとしても私が現実でないことはありえない。この不可能から、私なしに存在しうる物体世界があって、その一部(つまり身体)に私が合一していても別に問題はない、という実体二元論への移行。そこに矛盾はないかもしれないが、デカルト的な意味での確実性、つまり不可能なものに突き当たる限界経験はない。あるのはせいぜい、そうであればプロジェクトに好都合だということだけである。

実際、この時期すでにデカルトは、宇宙を無限の物質空間とみなし、微細な粒子群の渦動ですべての事象を説明できると踏んでいた(『世界論』*Le monde*, 1664)。心身二元論は自然学から霊魂的な原理を一掃し、同時に、精神が身体支配の原理となる道徳の確立にも寄与するという点で一石二鳥である。私は人間身体という自動機械になぜか合一しており、脳の一部位を介してこれに働きかけ、働きを受ける。そう考えればわれわれの受動(情念)の原因は身体に、能動はわれわれの自由な意志に振り分けられる。私の意志決定はどんな機械論的因果決定をも常に無限に超えるだろう(『情念論』)。こうして、デカルトの中でジグソーパズルのピースがぴったり合う。それがあの「哲学の木」であった。哲学は一本の木のようなものであり、その根は形而上学、幹は自然学、枝は医学と機械学と道徳に帰着する……。

デカルトが懐疑から帰還する世界は、いまやスタンダードなわれわれの科学的かつ道徳的な世界である。現代の心身問題の議論がつまらないとすれば、それはわれわれがまだデカルトのパズルの中で動いているからなのかもしれない。だが「私」や「真理」をめぐってデカルトが露呈させた不可能の深淵は別にある。それを探査するのが哲学史の仕事だ。デカルト二元論のアポリアを言い立てるだけでは何も始まらない。*8 というわけで、ひとまずデカルトは措いて、次はスピノザ。

Ⅱ部
スピノザ

すべてあるものは神の中にあり……

第六章

光がそれ自身と闇とを顕わすように

バルーフ・デ・スピノザ（一六三二―一六七七年）は一六三二年アムステルダム生まれ。ということはデカルトが冬のスウェーデンで客死したとき、十七歳だったことになる。デカルト哲学は当時最新の哲学としてオランダを席巻していた。スピノザもその洗礼を受ける。しかし彼のデカルトの読みは半端ではない。デビュー作の『デカルトの哲学原理』（*Renati Des Cartes Principiorum Philosohiae*, 1663）を見れば一目瞭然である。デカルト哲学の解説をしているのだがもとのデカルトより理路整然としていて、出しゃばらず、しかも的確な批判的理解を随所に見せる。（私もこんなふうに書けたらなあと思う。）

デカルトと違って、スピノザにはどこかミステリアスな印象がつきまとう。それは彼がユダヤ人でありながらユダヤ教団を破門追放されたとか、レンズ磨きをしていたとか、ハイデルベルク大学教授職への招聘を辞退したとかいった伝記的な要素のせいだけではおそらくない。「神ないし自然」(Deus seu Natura、神即自然とも訳される)[*1]という言葉に象徴される彼の哲学、これが相当にミステリアスなのである。デカルトはいい意味でも悪い意味でもやはり近代の始まりだった。人間という思考する主体があり、思考され支配されるべき世界がある。「われわれは何を知りうるのか」という認識論的な問いはわれわれ近代人の頭から離れないが、それはわれわれが今なおデカルトの影の中にいるからである。ところがスピノザは、こういうデカルト的な枠組みをはじめから解除していた。このあと見てゆくように、スピノザによれば「神ないし自然」のほかには何も存在せず、人間はこの神とか自然とか呼ばれる実在の局所的な一表現にすぎない。われわれが何ほどか思考し認識できているのは、われわれの精神が「自然」の持っている無限の思考の部分だから、なのである。人間だけではない。どんなものだってそうなので、すべての事物に何かしら魂に似たものがある。すべては神でできている——スピノザはこの尋常ならざる哲学のゆえに、後代の大いなる魅惑と躓《つまず》きとなった。「スピノザ」という名には〝棘《とげ》〟という意味がある。彼のお手製の印章にはイニシャルとともに一輪の可憐な野ばらが彫られ、その下に「用心せよ」(Caute)という一語が刻まれている。スピノザは自分が無垢なる危険であることを知っていたのかもしれない。

スピノザは汎神論だとよく言われる。この国では何やらやおよろずの神のようなものと嬉しがる人がいるが、ほとんどまったくと言ってよい誤解である。スピノザの思考はもっと変で、過激で、しかも不思議なことに、まともすぎるほどにまともである。その、何と言うか、アブナいまともさは、やはり様相という切り口で見てゆかないと感得できない。ひとことで言うと、スピノザの哲学は畏怖すべき「必然の哲学」である。それがどういうものか、まずはデカルトの発想との根本的な違いというところから見てゆきたい。

真理と確実性

デカルトの哲学は確実性のプロジェクトだった。正しい認識はたくさんあるように思えるが、デカルトは満足しない。それなりに真である、ということと、確実である、[*2]ということは、彼にとって同じではない。普通なら正しいと見なされるものでも、そうでないことは絶対ありえないと言えないかぎり「真らしく見える」にすぎない。あげくにデカルトは、数学の真理ですら本当にそうだという保証をそれ自身のうちに持っていないと主張するところまで行った。いま無神論者の幾何学者がいるとしよう。彼にも三角形の三つの内角の和が二直角に等しいことは証明によってわかる。けれども無神論者は真理の源泉である神が自分の作者であると知らないため、自分は実は欺かれているのではないかという疑いの可能性から守られてはいない。だから確実性を持っているとは言えないのだとデカルトは言う。[*3]

こんなふうに、デカルトはいくら明晰判明に知られても、それだけで確実な真理だとは認めない。その背景には、数学の真理でさえ無から創り出すことのできる全能者という、人を不安にさせる観念がある。神は三角形の内角和が二直角に等しくないようにすることもできたし、今もできる。ただ、なぜか自分の意志でそうしないだけだ、というあの「永遠真理創造説」である。神がそういうものだとすると、何かがそうでなければならぬ必然というものははじめからない。「全能の欺き手」というあの想定と懐疑はそこから力を得ていた。そして、そのような想定の上でもなお疑えない真理として現われたのが、あの「私はある、私は存在する」という特権的な命題であった。

　で、デカルトはそれを梃《てこ》に、真理と確実性のギャップを埋めることができたのだろうか。私は否定的である。そんなふうに見いだされた絶対的な確実性を範にとれば、明晰判明な知はすべて真であるということを一般的規則として立てることができる。デカルトはそう見込んでいた。[*4]だがその確実性は、真理一般の範となるにはあまりに特異すぎるのである。実際、「私はある、私は存在する」は必然的に真であると確信したとき、デカルトはその「私」が何であるかまだよく知らないでいると言っていた。何が存在しているのか不明なのにそれが存在していることだけは確実である。そんな真理って、ほかにあるだろうか。

　というわけで、懐疑の果てに出会われる確実性を真理の規範に仕立てるというデカルトの目論見は、失敗している。結局デカルトは誠実な神の存在を介してでないと、他の真理の真理性を保証できなかった。ひょっとすると、こうした真理と確実性のギャップはデカルト哲学の密かな駆動力そのものではないかという気さえしてくる。実際、三角形の内角和が二直角に等しいことがはじめから文句なしに確実な真理なら、たとえ欺かれていようと私はあるだとか誠実な神が私をあらしめているとかいったデカルト哲学の核心的部分は、どうでもよいことになっていただろう。そして無神論者の幾何学者はいつもどおり真なる定理を証明によって導き出し、それで何も不都合はなかっただろう。

真理の規範

実際、何も不都合はないのである。そもそも三角形の内角和について二直角に等しいとしか考えられないのに、いやひょっとすると本当はそうでないかもしれず……と虚構すること自体がおかしいのではないか（もちろんユークリッド幾何学の話です）。これがスピノザの踏み出した最初の一歩だった。次は彼の主著、『エチカ』からの引用である。

> 真なる観念を持っている者は同時に、自分が真なる観念を持っていることを知っており、かつ事柄の真理を疑うことができない。*5

彼は続ける。この定理はそれ自体で十分明白である。なぜなら、真なる観念を持っている人はだれでも、それが最高の確実性を含んでいることを知っているからである。

私は問う。先に事柄を理解せずに自分がそれを理解していると知ることができる人がいるだろうか。すなわち、まずは事柄を理解せずに自分がそれについて確信していると知ることができる人がいるだろうか。さらに言えば、真理の規範として真なる観念以上に明晰で確実ないったい何があるというのか。実に、光がそれ自身と闇とを顕わすように真理は真理自身と虚偽との規範なのである。*6

疑うことができないなら確実、なのではない。自分は知っていると知っているから疑えない、のである。三角形の内角和の証明を理解した人は、それが二直角に等しいこと、それ以外ではありえないことを知っており、もちろん知っているということを知っている。それが確実性ということだ。それ以上にどんな確実性を求めようというのか。ひょっとするとそうでないかもしれないと言ってみたって、そうでないならどうなのか、われわれには何の理解も手がかりもない。言うだけ無駄なのである。

だから真理と確実性のあいだに乗り越えるべき隔たりなどはじめからない。スピノザはこの平明な地点から出発する。デカルトが考えたように、疑いえないことが真と偽を分かつ基準になるのではない。特権的な不可疑の真理もいらない。三角形であろうと神の存在であろうと、われわれがもしそれについて、そうでしかありえないというふうに理解できるなら、それはみな同じ意味で真理であり、同じ意味で確実である。だから真理を探究するなら、2たす3は5だとか、三角形の内角和だとか、まずは自分がよく知っているありふれた真理を観察し、なぜそれが真だとわかっているのかを問うがよい。真理の規範はそこにある。引用の言葉はこのことを言っていたのだった。すなわち、光がそれ自身と闇とを分かつように、真と偽を分かつ規範は真理そのもの、なのである。

方法の違い、哲学の違い

スピノザの方法序説に当たる『知性改善論』(*Tractatus de intellectus emendatione*, 1677)はこうした真理の規範の解明に費やされている。[*7] 真理探究の方法は懐疑ではない、すでにわれわれが持っている、具体的な真なる観念についての反省的認識、それが方法である。デカルトがすべてを覆して一から始めるのに対し、スピノザは道ばたの小さな花を摘むように手近なありふれた真なる観念を観察し、なぜそれが真だとわかるようになっているのか調べる。するとわかるのは、真なる観念はどんなちっぽけなものでも、そうでしかありえないという必然をそなえている。だから、ほかのことを知らなくてもそれだけで確実だし、実はそうでないかもしれぬとか、仮にそうであるとしてみようとかいうふうに虚構できない。2たす3が本当に5なのかどうか誠実な神の存在を証明しないと確実ではないなどという話は、どこか道筋を誤っている。こうしてわかってくるのは、真理をたくさん知れば知るほど、それだけ虚構できなくなり、間違うことができなくなる、ということだ。そのようにさせている真理の規範は個々の真なる観念がそなえている「内的特徴」、すなわち、そりゃそうだ、そうでしかありえないという「必然」の持つリアルな力である。[*8] 真理は自分で力を持ち、真なる観念を持つ者はいわばこの力と化して迷わぬ者となるのである。

こう見てくると、デカルトとスピノザの方法の違いは哲学の違いとして鮮やかに現われる。確実性に取り憑かれたデカルトは「そうでないことの不可能」に出会うまで懐疑の手を緩めない。ほかのものはともかく、私が現実でないことだけは不可能である。このことは逆に言うと、私という必然的真理にとっては、ほかの真理はすべて、かろうじて神の意志によって維持されている偶然的な真理にすぎないということだ。いま2たす3が5でなくなり、私からこんな身体が無くなっていても不思議ではない。それでも私はあり、私は存在しているであろう。デカルトにはこうした、いわば世界と私との根元的な無関連さとでもいうべきものがあって、それが彼の哲学を特徴づけている。私は世界がどうなっていようが私だ。そんなふうにデカルトの哲学が〈不可能なもの〉との出会いからできていたとすれば、スピノザの哲学は〈必然的なもの〉のただ中に身を置くことからできている。偽からそれ自身を分かつ真理の力は私のどうこうできる力ではない。真理自身の力である。真理とは、観念（何かについての考え）とその対象が正しくぴったり一致していて、観念が事態をあるがままに表わしているということだ。ということは、それ以外でありえない全現実をまさにそれ以外でありえないものとして思考している神のごとき巨大な思考があって、われわれの思考はその一部分であるがゆえに真理を認識しているというのが本当ではないか。そして、現実のこの世界は、そういう巨大な必然的真理でできた何かではないか。

スピノザは真理の規範に導かれ、一気に必然的な真理の総体の中に身を置く。というか、その真理の一つとして、真理のただ中で覚醒する。ここからは『エチカ』の領分である。

第七章

「現実」を作ってみる

『エチカ』——正確には、『幾何学的秩序で証明された倫理学』[*1]（*Ethica ordine geometrico demonstrata*, 1677）。スピノザの主著である。あまりにアブナい内容だという前評判のために生前は出版できなかった。ライプニッツは死ぬ前年のスピノザを来訪し、話に聞いていた問題の草稿を見せてくれとせがんだらしい。ざっと見ただけでもそれが衝撃的な内容であることはすぐにわかったに違いない。『エチカ』を開けば、われわれにも普通でないとわかる。いきなり「神について」で始まり、いくつかの定義と公理（証明抜きの前提）が示されると、あとは「定理一　実体は本性上その変状に先立つ」、「証明　定義三および五から明白である」といった調子で次々と定理なるものが証明で導き出されてゆく。まるでユークリッド幾何学だ。ときどき備考や付録などが挟まれるものの、最後まで本当にそれだけなのである。全体は五部仕立て。最初は「神について」、最後は「人間の自由について」で終わるところを見れば、いちおう倫理学書ではあるらしい。幾何学的秩序で証明されたエチカ。何とも不思議な書物である。これはいったい何をしようとしているのか？　そこで言われる「神」っていったい何のことか？

私は、『エチカ』は「現実」というものに相当する一つの説明モデルを作ろうとしているのだと思う。「神」（「自然」とも言い換えられる）はそのモデルの名前である。「現実」という言葉は私が言っているので、スピノザの用語ではない。けれども、数百年後の今になって、そうか、彼が言おうとしていたのはこの現実のことだったのか、と合点がゆくようなことは哲学史ではあることだ。こんなのがなぜエチカ＝倫理学なのか気になるところだが、この章ではとにかく、この現実は神だったという話に絞って見てゆきたい。

現実とは何か

現実とは何か。そう言われても困るが、ほら、いまこうしてこんなふうに目の前に部屋があり窓があり、その外にずっと世界が広がっていて、というふうなこれ、これが現実というものだ。われわれはこの現実がただ一つしかないことをどういうわけか知っている。それが何なのか知らなくても、知っているのである。現実の外には出られないことも知っている。どこまで行ってもそこは現実で、始まりも終わりもなく、果てというものがない。現実はすべてがそこにある外部なき内である。

こんなふうに、唯一で、限界がなく、すべてを含むもの、それが現実というものだ。われわれは間違いなくその中にいる。で、問題は、それが何であり、何でできているのか、ということだ。

現実モデルを作ってみる

まず、何であるか。『エチカ』によると、それは「神」、である。心配な方は「神」を「自然」に置き換えてお読みになるとよい。私はさらにそれを「現実」と読み替えることができると考える。これが以下の話である。早速、『エチカ』にしたがって現実モデルを作ってみよう。第一部「神について」がレシピである。

一、まず、「それ自身においてあり、かつそれ自身で考えられるもの」を想定し、「実体」と呼ぶ。(これから作るのだから、それは何ですかと言わないこと。)どういう実体かわかるように、その種類を属性(性質)で区別できるようにしておく。たとえばA属性実体、B属性実体、等々というふうに。属性は何でもよいが、実体を実体として識別できるためにはどれも他の属性なしにそれ自身で考えられるものでなければならない。[*2]

二、すると当然、属性が違う実体どうしは互いに共通点がないことがわかる。たとえばA属性はB属性なしにそれ自身で考えられねばならない(さもないとそれ自身で考えられる実体だとわからない)ので、A属性実体とB属性実体の間には共通点がない。[*3]

三、するとこれも当然に、同じ属性を持った複数の実体、たとえば二つや三つのA属性実体といったものは存在しえないことになる。実体は属性でしか区別できないので、同じA属性のが複数あると言ったって区別のしようがない。[*4]

四、するとここから、実体はどれも他の実体から生み出されることは不可能だということが出てくる。A属性実体とB属性実体は共通するところがない、つまり無関係なので、そのあいだの関係を考えることができない。どちらかがどちらかの原因になっているという因果関係の説明ができないのである。同じA属性の実体どうしなら共通点があるが、そういう同類が存在しえないことはすでに見た。だから、どの属性の実体も他の実体を原因として生み出されることはできない。[*5] 実体のほかに考えられるのは、定義からして「他のものにおいてあり、かつ他のものによって考えられねばならないもの」だけである。だがそれは実体においてあるしかないもの、つまり実体が生じる内部状態としての「様態」(ありさま)のことなので、実体を生み出すことはできない。ということは、よろしいでしょうか、よーく考えると実体はそもそも何からも生み出されえないもの、それ自身で存在するしかないものだ、ということになる。[*6]

ここで一休みして、「実体」がどうなっているか確認してみる。すると、実体は属性ごとに無限で自己原因的だということがわかるだろう。A属性実体は一つしかなく、B属性実体も一つしかなく、というふうにどの属性の実体も一つしかなく、互いに無関係で、限界づける他なるものを持たない。だからどの実体を見てもそれには始まりも終わりも限界もなく、他と無関係なのでそれ自身で存在するしかない、というふうになっている。[*7]

五、仕上げは事物としてのリアリティを考える。A属性だけの実体、B属性だけの実体、というふうにバラバラにあるのでは事物としてのリアリティが分散していまひとつ貧弱である。そこでありとあらゆる属性を全部一つに集中させて、A属性、B属性等々無限に多くの属性を持った実体Xを想定する。これまで見てきた実体は実はすべて同じ実体Xで、そいつがA属性のもとでそれ自身で考えられるものとしてあり、B属性のもとでもそれ自身で考えられるものとしてあり、……というふうになっていたのだと考えるのである。もちろん属性はどれもそれ自身で考えられなければならないので、実体XはA属性ではA属性実体としてしか存在しないし、B属性ではB属性実体としてしか存在せず、……以下同様。[*8] あるときは怪老人、あるときは青年紳士、でもみんな同じ怪人二十面相、といった感じである。同じ属性を持つ複数の実体は作るのが不可能だったが、一つの実体が多くの属性を持っても実体と属性の定義に抵触しない。実体Xはやはり「それ自身においてあり、かつそれ自身で考えられるもの」だし、その属性はどれも他の属性なしにそれ自身で考えられる。せっかくなので、この実体Xを「神」と名付ける。

〝神〟によって私は、絶対に無限な存在者、すなわちその一つひとつが永遠かつ無限な本質を表現する無限に多くの属性において成り立つ実体、と解しておく。[*9]

実体Xはもちろん何からも生み出されず、それ自身で存在するしかない。おまけに、それ以外の実体は考えられなくなる。ほかの実体を考えようとすると必ずXのどれかの属性で重なってしまうが、同じ属性の実体は二つは存在できないからである。実体はこれしかない。あとは「他のものにおいてあり、かつ他のものによって考えられねばならないもの」だが、当然それはすべてこのXの様態でなければならない。というわけで、

神のほかにはいかなる実体も与えられえず、また考えられることもできない。[*10]

何であろうとあるものはすべて神の中にあり、神なしには何ものもありえずまた考えられることもできない。[*11]

これって、さっきの「現実」のことではないか。ためしに言い換えてみる。「この現実のほかにはいかなる現実も与えられえず、また考えられることもできない」。「何であろうとあるものはすべて現実の中にあり、現実なしには何ものもありえずまた考えられることもできない」。ほら。スピノザは「ほかに何もありえないもの」のモデルを作った。現実がこれしかないのは、それが「神」だから、なのである。われわれはみな神の中にいる。われわれも石ころも銀河も、すべて事物は、この実体の無限な内部状態の一部、無限様態の一部だということになる。[*12]

現実は真理でできている

最初に上げた二つ目の問いに移ろう。現実は何でできているのか。物質でできている？　いや、スピノザの答えは、真理でできている、である。あたりまえだが、現実は隅から隅まで本当のことである。本当でないなら現実ではない。この部屋も窓の外に広がるあの空も、それが現実ならどこもかしこもみな真理でできている。現代のわれわれが忘れがちなこのあたりまえのことをスピノザはちゃんと言おうとしていた。真理とは、正しい考えが対象と食い違わずぴったり一致しているということである。[*13] だったら、そういう一致以外が不可能なモデルを「現実」として考えればよい。こんなふうに。

まず、現にわれわれは思考しているのだから、実体Xの無限に多くの属性の一つは思惟《しい》属性だと考えてよい。ところでどの属性の実体も同じ実体Xなのだった。だから、どの属性で生じていることも同じXの同じ本性必然から生じている。すると当然、思惟属性で無限に多くの観念が生じる（無限知性が生成する）ということと、あるどれかの属性で無限に多くの事物が生じるということは、実は同じことの二つのあり方だということになる。たとえば、われわれには身体があるのだから、無限に多くある属性の一つは延長属性であるはずだ。物質的広がりでは無限な物理的宇宙が生み出され、その局所に私の身体を生じている。それとまったく同じことが思惟属性で並行して起こっているのでなければならない。つまり、宇宙を認識する無数の観念の系列からなる無限知性がそこに生み出され、私の身体の認識をその局所に一つの観念として結論していると考えればよい。

それゆえ、われわれが自然を延長属性のもとで考えようと、あるいは思惟属性のもとで考えようと、あるいは他の何らかの属性のもとで考えようと、われわれは同一の秩序ないし諸原因の同一の連関、つまり同一の諸事物が、等しくいずれの場合でも出てくるのを見いだすであろう。[*14]

有名なスピノザの並行論、「観念の秩序および連結は事物の秩序および連結と同一である[*15]」というテーゼである。もちろん同一なら一致するのはあたりまえだ。そういう観念と対象との一致が真理ということだった。「神」とは全属性にわたるありとあらゆるものが真なる観念と一致して存在するような、真理の絶対空間のことである。われわれはすでに真理の中にいる。そう、われわれの数々の嘘も間違いもみな、現実にある以上、本当の嘘であり本当の間違いである。だれもこの現実の外、真理の外には出られない。現実はすべて真理でできている。

『エチカ』のアブナさは明白だろう。「神」とか「無限知性」とか言っているけれど、それは自然が物理的宇宙になって何かしているというのと並行的に同じことなのである。「神ないし自然」とスピノザが言うのはそのためだ。自然主義というと、現代では何となく物理主義とか唯物論みたいに思われているが、スピノザの自然主義はそんな半端なものではない。物質だけか、心もか、とかいうおなじみの議論はスピノザから見れば属性問題を実体問題と混同しているのである。「諸事物の自然」に属性はいくらあってもかまわない。だがいつも自然は唯一で、真理だけでできている。われわれ自身、身体とその真なる観念との一致、つまり一個の真理としてその局所に存在している。驚愕すべきことに、スピノザはこの「身体の観念」が「精神」であり、一致がいわゆる「心身合一」なのだと説明していた。私が神の一個の真理であるということ、それが、私が現実にあるということだと考えていたのである！　すると、どうなるのでしょう。私が思考していると思っているとき、いったい何が思考しているのか。これは次の章で。

第八章

私ではなく無頭の神が……

　この現実は実は神そのものだった——。いきなりそういうぶっ飛んだ話になってしまって恐縮である。しかしまあスピノザの『エチカ』なので仕方がない。理解するコツは「神」という言葉でよけいなことを考えないことである。「汎神論」とか「神に酔える人」といった後代のロマンチックなネーミングは困ったもので、もしスピノザが生きていたなら、いいえ私はしらふですと丁重に断ったであろう。『エチカ』はたしかに驚愕ものだが、書いているスピノザは普通に理性的で合理的なのである（スピノザに共感したニーチェもこういうところだけ気に入らなかった）。

　だから、スピノザがどんなに奇怪なことを言い出しても冷静でいたい。ひょっとするとまともなのは彼のほうかもしれないのである。この章はその中でも、もっともスキャンダラスなテーゼを取り上げる。今日、われわれは思考しているのは心なのか脳なのか、とか、人の同一性はそのいずれに存するのか、などと議論している。ご存知のように「心の哲学」は今や定番である。しかしスピノザによれば、思考しているのはだれでもない。思考そのものである。宇宙が無限に多くの物理作用で満たされているように、無限に多くの匿名の思考作用が全自然を満たしている。われわれは自分が考えていると思い込んでいるのだが、本当は思考が勝手に考えているのである。

何だか妄想じみて聞こえるが、そうでもない。たしかに人間は思考する。これは『エチカ』でも公理である。[*1] だが、思考を生み出すのは人間だと言うとき、われわれは自分でもよくわからないことを言っているのではないか。たとえば音声を発生する装置は理解できる。けれどもだれも思考を発生する装置など見たことがない。思考とはデカルトも言うように、意志したり理解したり疑ったり、さらには想像したり感じたりというすべてである。[*2] 脳であろうと心（精神）であろうと、こういうすべてを自分ひとりで生み出せる事物を考えること自体、相当に妄想じみているのではないだろうか。

これから見るように、「精神の本性と起源について」と題される『エチカ』第二部は、考えているだれかがいるということの大方の前提を平然と覆すような話になっている。だれかが考えているのでなくて、だれのものでもない思考が考えている。

精神は身体の観念である？

前章で見たことをふりかえってみよう。本当でないなら現実ではない。現実はだから隅々まで真理でできている。スピノザはこれを「神ないし自然」と彼が名付けるモデルで理解しようとした。つまりただ一つの同じ実体XがA属性のもとではA属性実体、B属性のもとではB属性実体、等々として無限に反復し、この反復の外には何も無い。すべての事物はこの無限に多くの属性からなる実体の様態だから、どの属性でも同じ様態が反復されて現われる。こうなっているなら、どれかの属性のもとで現われる実体の様態は必ず思惟属性のもとでも現われる。たとえば物理的に広がっているという属性（延長属性）のもとで私の身体が存在するなら、それと同じものが思惟属性のもとでも存在する。思考は認識なのだから、それはこの身体についての観念であろう。もちろん観念とその対象は同じものなので、必然的に一致する。ということはつまり、私は私の身体の真理、なのである。

スピノザはこの「身体の観念」が人間の精神のことなのだと言っていた。次の定式を見ていただきたい。

人間精神は人間身体の観念ないし認識にほかならない。[*3]

ほとんどの人はここで躓く。だってそうでしょう、精神が観念を持つ、というのならともかく、観念である、と言うのである。一個の観念でしかないものがどうしてあれこれ知覚したり考えたりできるのか。いや、そもそもスピノザの言う思惟属性で、思考し認識しているのはだれなのか?

無頭の思考

まずはだれが認識しているのかという問題から。

思惟実体は神なのだから考えているのは神じゃないかとおっしゃるかもしれないが、不正確である。スピノザの神はあれこれ考えて決断したり意志したりする精神のようなものではない。そうではなくて、自分の本性の必然性からすべてが自分自身に起こるような究極の事物、つまり「自然」のことを神と言っているのである。並行論モデルを思い出そう。延長実体としての自然に無限に多くの物理的な出来事が起こり、並行して、思惟実体としての自然にそういうすべての出来事の認識が起こる。雨や風と同じように、思考は「自然」に起こる出来事なのである。

もちろん何かが起こるためには原因がなければならない。aはbが原因で起こる。そしてこのbはさらにまたcが原因で起こり……というふうに無限に続いている。思惟属性はこれをそっくり思考として反復する。aがなぜ起こるか知るには原因bを知っていなければならない。bという認識が与えられるとただちに、「bなのでa」というふうに思考は進む。そしてこのbもまたその原因cの認識によって、「cなのでb」というふうにして知られ……というふうに無限に続く。スピノザはこんな連鎖を、事物に並行する「諸観念の秩序と連関」と言って、その全体が無限知性になっていると考えていたのだった。

さて、では、aを知っているのはどの思考でしょう。もちろん、それを知るために必要な原因bの認識ですね。言い換えると、bの観念になっている思考だけが、aが必然的に起こるとわかっている。同じことはそのbについても言えて、bを知っているのはその原因cの観念になっている思考であり、このcを知っているのはその原因dの観念になっている思考であり……というふうに無限に続く。スピノザの言う「無限知性」はこんなふうにしりとりのようになっていて、結果の認識が原因の認識に依存するというたったそれだけの連結で無限につながっている。これが自然の中にある思考である。考えているのはだれでもない、無数の観念が連鎖しながら考えている。

本当にそんなことを言っているのだということを確認するために『エチカ』の定理を引いておこう。「変状されている」[*4]という聞きなれない言葉が出てくるが、しかじかの出来事が「神＝自然」の身に起こって様態となっている、あるいは自然がそういうものになっている、というほどの意味である。

現実に存在する個物の観念は、神が無限である限りにおいてではなく神が現実に存在する他の個物の観念に変状されていると見られる限りにおいてその神を原因とし、この観念もまた神が他の第三の観念に変状されている限りにおいてその神を原因とし……というふうに無限に進む。*5

こんな無限連鎖が這い回っているのが無限知性である。スピノザは無限知性は産み出される側の様態であって、それを産み出す実体の側には知性も意志もないのだ、と驚くべきことを言っていた。*6 実際、連鎖状の無限知性は全体を高みから俯瞰する神の視点のようなものを持たない。理解は、「cなのでb」、「bなのでa」、というふうに連鎖の局所局所に分散して存在し、まとまった一個の精神の理解にならない。それはいわば、精神なき思考、無頭の思考なのである。汎神論は本当はこわいのだ。

自分を知らない真理

もうひとつの問題に移ろう。精神が身体の観念を持つというのならわかる。精神が身体の観念「である」とはどういうことか。いったいだれがそれを持っているのか。

これはいまの話の応用なので、しりとりで進む無頭の思考というイメージに慣れてしまえば難しくない。答を言ってしまうと、精神は自分がそれであるところの身体の観念を持たない。持っているのは身体の存在を結論するのに十分な匿名の思考になっている自然である。スピノザにとって身体は、それを構成するきわめて多くの個物が一緒になって共同し、あたかも一つの結果を産み出すかのようにふるまうことで絶えず再生される様態である。*7 さて、結果はその原因の認識によって知られる。したがって、いいですね、身体を認識しているのは、身体を絶えず再生させているそれらきわめて多くの個物の観念すべてになっている神の思考である。

こうして神は、人間精神の本性を構成する限りにおいてではなく、きわめて多くの他の観念に変状されている限りにおいて、人間身体の観念を有し、あるいは人間身体を認識する。言い換えれば（この部の定理11の系により）人間精神は人間身体を認識しない。*8

人間身体を認識しているのが「だれ」とは言えないきわめて多くの思考の連言だとスピノザが考えているのがわかる。頭がどうにかなりそうだが、「神」のところを「自然」に置き換えればわからないでもない。自然の中に生じている一個の認識が私の精神だが、この認識を持っているのは私ではない。われわれは自分を知らない一個の真理であり、そういうものとしてわれわれは「自然」の身に起こっている。

私ではなく神が

あとは、そんな身体の観念でしかないものがなぜ精神のようにあれこれ知覚したり考えたりすることができるのか、という問題だった。

出来事はいつも何かに起こる。いま見てきたのは「自然」に起こる出来事の話だった。同じことは、こんどは身体に起こることについても言える。スピノザはこの出来事を「身体の変状」と呼んでいる。身体に何が起こるかは、刺激する物体と刺激される身体との両本性を原因として決まる。同じ汚物が私の身体に拒否反応を生じさせ、ハエの身体に歓喜の震えを生じさせる、というふうに。するとあとは同じことだ。そんなふうに変状aの理解が、刺激する物体b、刺激される身体cの両本性の認識の連言から帰結してくるとすると、変状を理解しているのは当然その両方の認識になっている思考であろう。つまり、「bかつc、なのでa」。さあ、ここでよーく見てみると、身体cの観念は単独では身体変状aの認識に十全にはつながっていないが、切れてもいない。言い換えると、aを前提が欠けた結論のように非十全にではあるが認識するようになっている。――先の引用に続く証明の後半はこういう仕方でわれわれの知覚経験を説明する。すなわち精神は身体の観念にすぎないのだけれど、自分に起こるすべてを、ゆえ知らずリアルな自分の経験として知覚するのである。

ところで、観念もまた事物と同じように生じるのだから、それについても「これは観念だ」という認識が神の思惟属性で並行して生じると考えてよい。すると身体・身体の観念・身体の観念の観念、という同じものの三つの表現が得られる。あとは系列を繰り返すだけだ。身体の観念は身体変状を知覚し、身体の観念の観念は身体変状の観念を知覚する、というふうに。身体の観念は精神のこと（でしたね？）だから、身体の観念の、観念は神の中にあるその精神を対象とする観念のことである。そこでこう言わねばならない。精神は身体と合一し、自分自身と合一している。そしてそのことを、身体に起こっているリアルな出来事の知覚と、自分がそのように知覚しているという知覚によって知っている。しかも精神は身体の真理を知らず、自分自身の真理も知らない。[*9]——これってとても実存的なデカルト的自己意識の状況ではないか。何だかわからないが私はある、私は存在する、この身体に緊密に結ばれて。

　こうしてスピノザはデカルトの心身問題をついでのように片付けてしまった。大事なのは、われわれは自分で自分の考えを頭のどこかから生み出しているのだと思っているが、スピノザによればそうではないということだ。考えているのは「神ないし自然」の無頭の思考だけであって、われわれの自己意識はその局所で生じている効果にすぎない。何ともまともで奇怪な話である。

第九章
精神は自分の外にいる

現実はいつも一つに決まる。なんだかんだ言ったって、結局ひと通りのことしか起こらない。当たり前なのだが、考えると不思議な気がしてくる。

たとえばお昼をカレーにするかうどんにするかは自分次第で決まるとわれわれは思っている。結局カレーにしたけれど、もちろんうどんでもよかった、というふうに。まるで私の決意がカレーを食べる可能世界とうどんを食べる可能世界を分岐させ、カレー世界を実現しているかのような言い振りだ。だが私ひとりの一存で現実が決まるというのも変である。隣の人がうどんを食べているのはその人が決めたのであって、私が決めたのではない。そしてその隣の人もまたその人が決め……というふうに人の数だけ決意がある。気が遠くなるほど多くの人がてんでに決意しながら、つまりそれだけ多く可能性を選びながら、それでも、可能な現実はたった一つに決まる。それはもちろん、みなが同じ現実の中で選んでいるからだ。とすればむしろ反対に考えたほうがよい。可能性を選んでいるのはわれわれではなくて、反対に、各人の行う無数の決意、無数の選択の総体が、唯一の現実の中で、別なふうにはありえないたった一つの可能な仕方で生じていた——そう考えるのである。

それ自身でたえず一つに決まってゆく現実。われわれ自身の選択や決意そのものを自らの必然で生み出しているような実体。これをスピノザは「神ないし自然」と呼んでいた。神＝自然は、その外に何もありえない全域であるという意味で、外部がない。すべてがそこにある無限かつ絶対的な内である。と同時に、われわれ自身がそこで見知らぬ何かとして、われわれの決意と共に生み出されている外、直接経験ではアクセス不可能な外でもある。そんなものを考えようとすれば、選んでいるのは自分だという実感を言っていてもだめである。たった一つに決まるようなXの証明が必要だ。『エチカ』のあの幾何学的証明のスタイルはそのためのものだった。

スピノザの哲学は何かというと経験の直接性を持ち出すタイプの哲学に対して、あらかじめノンを突きつけている。たとえばデカルトは、「思考とはわれわれの内にあってわれわれがそれについて直接的に意識している一切である」と定義していた。[*1] 意識しているのは私だから、思考は私のものだとデカルトは信じて疑わない。それに対しスピノザは、「人間の精神は神の無限知性の一部である」とする。[*2] 思考は私のものではない、無限知性として展開している無頭の思考の一部である！　これは証明がそう言っているのであって、経験からそんなことを言っているならパラノイアだ。

というわけで、この章では、精神は自分の外にいる、というスピノザの考えにスポットを当ててみたい。われわれの心、精神は、自分では知らない外に生み出されている。そこが真理の場所、現実である。こんなことを考えていたのはおそらくスピノザくらいだろう。ちょっと不気味だが、スピノザ哲学の一番大事なところだと私は思う。ここを外すと必然主義者スピノザのエチカ（倫理学）もポリティカ（政治学）も、そのすごさがわからない。

思考は同じものを回避する

スピノザは意外な人に読まれていて思わぬところで顔を出す。かの現代フランスの精神分析家ラカンもその一人である。彼が『精神分析の四基本概念』でこんなことを言っているのを見つけたので紹介しよう。

問題になっている事柄にスピノザ的な定式を皆さんの前ででっちあげようとするなら、こんなふうになるでしょう。〝十全ナ思考ハ常ニ同ジモノヲ回避スル〟（cogitatio adaequata semper vitat eandem rem）。われわれの位置する水準において、思考であるかぎりで十全な思考は、常に同じものを回避する——たとえあとでそっくりそれが見出されるためであるとしても。[*3]

わざわざラテン語で言ってみせるのが心憎い。もちろんスピノザからの引用ではなくラカンの捏造である。けれどもさすが高校時代から『エチカ』にはまっていたと伝えられるだけあって、スピノザが言ってもおかしくない定式になっている。われわれの思考は常に同じものを回避する。回避されるのは、われわれがまさにそれであるところのわれわれ自身の真理にほかならない。また頭がどうにかなりそうだが、以下は前章のおさらいである。

自然（スピノザの神）は自らの本性の必然性から一切を自分の様態として生じる。事物は犬も銀河もみなこの唯一実体の様態である。自然は事物たちが一緒になって何ができるか実地にやってみながら、同時になぜそれができているのかという理解を自らの思惟様態として生じる。つまり、事物の側の原因→結果と同じものが、宇宙大の思考の側では前提→帰結という観念の系列として同時並行で生じる（並行論）。そんなふうにして事物の世界のどこかにわれわれの身体が結果として生じ、思考の世界（無限知性）のどこかにこの身体の観念すなわち精神が帰結として生じている。両者は同じ一つのものの異なる表現にすぎず、これが心身合一ということである。――何度聞いても奇怪さは変わらないが、すでに見たように『エチカ』はそこから重要な系を導いていた。すなわち、身体の観念である精神自身は一個の帰結なので、身体が何であるか、そしてその観念である自分が何であるかまったく知らない。精神自身が神＝自然の中にあるその答えなのだが、それを知っているのは精神自身ではなく、身体の観念（とその観念の観念）を帰結するきわめて多くの他の観念（とその観念の観念）の連言に変状している神の思考である。ところがこんなふうに自分の真理から隔離されているのに、精神は自分の身体に起こること（身体の変状）については、非十全にではあるが知覚する。これが「意識」である。知覚意識はだから、「いわば前提のない結論のようなもの」にすぎない。*4 すると、ほら、ラカンの定式どおりになっているのがわかる（ラカンが「十全な思考」とか、「あとでそっくり見出される」とか言っているのは気になるが、これはまたあとで）。すなわち、思考はわれわれの位置する水準で生じているかぎり、常に同じものを回避する。なぜなら、われわれは自分がそれであるところの真理の現前から閉め出され、それを常に外す仕方で「われ思う」と言うのだから。

目をあけて見ている夢

ラカンはもちろん、フロイト的な無意識の話をしているのである。しかし通底するところがないわけではない。それは、精神は自分が意識しているのと常に食い違う仕方で現実の中に存在している、ということだ。

冒頭の例で言えば、お昼をうどんにせずカレーにしたのは「心」の自由な決意によるとわれわれは思う。空きっ腹を抱えた身体が「カレー」と音声を発するよう物理的に決定されていた、とは夢にも考えない。だがスピノザによればそれは間違いなのである。並行論でゆけば精神の決意ないし衝動と身体の決定とは本性上同時にある、というか、むしろ同じ一つのものが、思惟属性のもとで見られ思惟属性によって説明されるときは〝決意〟、延長属性のもとで見られ運動と静止の法則から導き出されるときは〝決定〟と呼ばれるだけだ。だから「精神の決意」は、実は変状を被った身体が何かをしようとするその衝動そのものなのである。*5

ええっ、それはないでしょうとおっしゃるかもしれない。スピノザにも大方の反応はわかっていた。

しかし彼らは言うであろう。建築・絵画・その他人間の技能のみから生じるこの種の事柄の原因を、もっぱら物体的と見られるかぎりにおける自然の法則のみから導き出すことはできない、また人間身体は精神から決定され導かれるのでなくては神殿のようなものを建立することはできまい、と。*6

しかしそうだろうかとスピノザは反論する。身体だけではできないと言うが、「彼らは、身体が何をなしうるかまた身体の本性の考察だけから何が導き出されうるかをまったく知らない」。身体がなしうる限界を原理的に確定した人はだれもいないのである。おまけに、デカルトがそうだったように、どうやって身体が精神によって決定され導かれるか、まともに思い描くことすらできない。主張としてまったくアウトなのである。

にもかかわらず、やっぱり身体だけでできるはずがないと思ってしまう。なぜか。

それはわれわれの経験実感がそうなっているからである。さっき見たとおり、われわれは自分が身体の真理であることを知らないようにしてでしか現実を経験しない。精神の決意が身体の決定と同一の必然性で生じているという恐るべき現実は、だから生きられえない。証明で構成できるだけなのである。

われわれの精神はこの、証明でしかアクセスできない外に、そうとは知らず存在している。精神は自分の外にいる、のである。スピノザは同じ箇所で、外にいながらまったくそのことを知らないあり方を夢遊病者になぞらえていた。

> 精神の自由な決意で話をしたり黙っていたり、その他いろいろのことをなすと信じている者は、目をあけながら夢を見ているのである。*7

夢はそこで自分が生み出されている現実を知らない。そここそが真理の場所なのに……。

並行論の本当の意味

こう見てくると、スピノザの並行論の問題は、どうやら現代の「心の哲学」で論じられるような意識と脳状態の対応なんかではない。問題はむしろ、心が思っていることと身体がやっていることとのあいだの還元不可能な食い違いだということがわかってくる。心はいつも自分が中心で、自分が身体のふるまいを決定し導いていると思っている。ところが身体はそんなことはおかまいなしに、他の諸々の身体や物体と連携しながらすでに神殿を建てたり絵を描いたりしている。精神は身体に何ができているか知らないのである。これは逆に言うと、精神は自分に何ができているか本当には知らないということだ（両者は同じものなのだから）。

「国家の中の国家」という言葉がある。人間は自然の一部なのに、まるで国家の中の国家のように決定から独立の中心として自分を間違って表象する。そうスピノザは言っていた。[*8] いくらがんばってもわれわれはこの自分中心の「目をあけて見る夢」から出ることはできない。食い違いを無くすことも不可能である。それでも、両者がまさに食い違いながら同じ一つの現実として生じていることは証明によって示すことができる。これがスピノザの並行論の本当の意味である。

ここまで来ると、デカルトは心身二元論、スピノザは心身並行論などと言っていてもわからない違いが見えてくる。二人の根本的な違いは、デカルトの場合精神は自分自身にぴったり重なって「われあり」と宣言するのに対し、スピノザの場合精神は「われあり」と言うたびに自分が外にいることの無知を露呈する、というふうになっているところだ。このことは、「私」が真理として姿を現す地点が逆になっていることと無関係ではない。デカルトでは最初に不可疑の「私」が見いだされ、唯一確実な現実点としてすべての出発点、第一原理となる。ところがスピノザでは逆に、「私」は幾何学的な証明の長い連鎖の最後のほうでようやく「証明を理解しているこの私がそれだったのだ」というふうに、いわば向こう側、自分の外から姿を現す。それはデカルト

彼は、神を思惟しつつ神から来るのである」とヤス

と違って、永遠なる何かとして証明の中に、そして証明の中にのみ、現われるのである。「彼は思惟しつつ神に近づくのではなく、事物の認識の中で思惟しつつ神から来るのである」とヤスパースは言っていた。[*9] けだし至言である。

第十章
証明の秘儀

こうやって見てくると、決定論的な自然科学が台頭してくる十七世紀、哲学は確実性や真理の概念とともに「現実」概念をも大きく更新しようとしていたことがうかがわれる。デカルトの「われあり」が最も強い現実概念の発見だったことは前に述べた（第三章）。私のこの手や顔、この世界、こんなものはすべていつわりの夢、非現実であるやもしれぬ。しかしそれでも、そう考えている私が現実でないことは不可能だ。世界がどうなっていようと私がいるところ、そこが〈現実〉である。「われ思う、ゆえにわれあり」の確実性とはそういうことだった。スピノザは〈ほかに何もありえないもの〉という概念を定義と証明で作り上げる。それ自身においてあり、その外では一切が不可能であるようなX。スピノザが〝神〟とか〝自然〟とか名付けるそのXは、いつもたった一つ、これしかない〈現実〉そのものの等価物だった（第七章）。まとめると、「私」の現実でないような現実はない（デカルト）。その現実がこれしかないのは、それが「神」だからである（スピノザ）。

だが両者の「現実」に接点はあるのだろうか。デカルトには世界が欠け、スピノザには「私」が欠けているように見える。実際、幾何学的証明で進行する『エチカ』には、「この私」に言及する命題は一つもない。スピノザは非人称の哲学なのである。しかしスピノザが不思議なのは、そういう証明の連鎖をたどってゆくと、最後にデカルトと同じかあるいはさらに強いかもしれない〈私の現実〉へと到達できるようになっていることだ。思うに、スピノザの場合、証明をたどり体験することは、回心にも似たある種のイニシエーション（通過儀礼）になっているのではないか。これが私の仮説である。こんな幾何学みたいな本が倫理学（エチカ）だという秘密もきっとそこにある。この章ではスピノザの、この「証明の秘儀」とでも言うべきものについて見てみたい。

証明を語っているのはだれか

『エチカ』はご存知のように、若干の定義と公理からいきなり定理の証明を始める。証明された定理はあとの証明で前提として使えるので、進めば進むほどどんどん元手が増える。そうやってつごう二百五十九にのぼる定理（系を含めるともっと多い）が次々と導出されてゆくのである。

こういう光景はちょっと人を不安にさせる。これはいったいだれが語っているのだろう……。
もちろんスピノザがこれを書いたのである。それはそうなのだが、スピノザ自身はそう思っていないかもしれない。むしろ、証明しているのは証明自身である、あるいは、彼の中のアノニムな何かが証明となって思考している。そう考えているふしがある。スピノザは「われわれのよりよき部分」[*1]とか「精神の中の永遠なる何ものか」[*2]といった言い方をする。それはまさに、「理解する」(intelligere)ということをやっている何ものか、証明を理解しているそいつ、という意味である。『エチカ』の著者はスピノザだが、証明しているのは彼ではない。彼の中の「何ものか」である。

デカルトはある意味わかりやすい。「われ思う」と語っているのは私だ。「私」と言えばそれは私に決まっているからである。ところが前章で見たように、スピノザの場合、精神は夢見ながら自分の知らない外にいる。私がいる現実はまさにその、じかにアクセスできない外なのである。だからデカルトのように、「私」と自分を指すこちら側に現実を見いだすわけにはいかない。むしろ、変な言い方だが、われわれ自身が何か非人称的な見知らぬものとして外からやって来る――そんな仕方で現実を見いださなければならないのである。

また妙な話で頭がどうにかなりそうだが、『エチカ』はこういう特異な経験をわれわれにさせようとしているのだと考えるといろいろ合点が行くところがある。あの幾何学的証明というスタイルは伊達《だて》ではない。証明による必然を自分で経験しないなら『エチカ』なんてほとんど意味がない。きっとそれほど本質的なのである――懐疑による不可能なものとの出会いを自分で経験しないならデカルトの『省察』なんてほとんど意味がないように。そういえば、デカルトも幾何学的証明を人から求められて試みたことがあった。けれど、自分の哲学にはどうも合わないと気乗りがしなかったようである。[*3]それはそうだろう。一人称の哲学と非人称の哲学。この違いは決定的だ。

証明しているものが証明によって証明される

さて、定理と証明である。現行訳のほとんどは「定理」で通しているが、本当は「命題」と訳したほうがよいのかもしれない。けれど、わざわざ幾何学ふうに定理と訳したくなる気持ちはわかる。[*4]ふつうわれわれは、命題は何かの記述だと考える。事態がその記述どおりになっていれば命題は真、なっていなければ偽。「ローマはイタリアの都市である」。ピンポーン、そのとおり、というふうに。ところが定理は違う。定理は必ず証明とセットになっていて、証明が定理を真にする。たとえばユークリッドの「すべての三角形の三つの内角の和は二直角に等しい」という定理は、三角の形をした事物を調べてみるとみなそうなっているから真、というわけではない。証明によって真、なのである。定理はだから何かの対象の記述ではない。むしろ証明による対象の構成であると言わねばならない。

『エチカ』も同じだ。たとえば第一部の十三番目にでてくる「絶対に無限な実体は分割不可能である」[*5]という定理。これも記述ではない。そんな「無限な実体」はだれも見たことがないし、分割しようとしてもダメだとわかった、などという話は聞いたことがないからである。この定理が真だと言えるのは、もっぱら証明による。そのためには証明の理解以外に何もいらない。[*6]証明によって、証明とともに、真なる対象が姿を現す。『エチカ』の定理は対象の記述ではなくて、証明による未知の対象の構成なのである。

ただ幾何学と違うのは、『エチカ』では、証明しているものが当の証明によって構成され、定理の中に証明されて姿を現す、という何かねじれた事態が生じていることだ。不思議だが、証明しているのはあなたでも私でもスピノザでもない。証明はひとりでに語り、決して「私」とは言わない。証明しているそいつはわれわれの中の非人称的な何かである。まどろっこしいので、そいつをSとしておこう。証明の主体S、である。私の見立てでは、『エチカ』の定理と証明の連鎖は、精神が自分の中のこのSに出会うために経なければならないイニシエーションとして機能する。以下に見てみよう。

イニシエーションとしての証明

はじめのうちSは全然出てこない。一連の証明によると、われわれの精神はまるで目をあけて夢を見ているようなもので、自分が現実のどういう真理なのかを知らない。さて、ではそんなわれわれが、どうしてその一連の証明を理解できているのか。Sが自分の証明する定理の中に現われるのは、このときである。

真なる観念を持っている者は同時に、自分が真なる観念を持っていることを知っており、かつ事柄の真理を疑うことができない。*7

前に一度引用した定理である。第六章で見たように『知性改善論』ではこれは動かせない事実とみなされていた。それがいまや証明によって必然的に真であるような定理となっている。証明をはしょって言うと、精神は身体の観念であり、神＝自然の無限知性の一部である。無限知性の思考のあるものはわれわれの思考を十全に構成し、あるものは身体の観念の局所性ゆえに欠損を被って非十全にしか構成しない。身体と他の事物とに共通にあるものについては局所性の影響がないので、身体の観念になっている神、つまり精神は、十全にこれを知覚する。これがわれわれの持つ真なる観念の基礎となる。観念にはその観念の観念が並行するので、われわれ（になっている神の思考）はこの観念が真であると知っており、そうでないかもしれぬと疑うことはできない。そういう証明である。*8

よく見ると、この定理は、われわれがいま証明によってそれを理解し、それが真であることを疑えないでいるまさにそのことを証明するという、不思議なループになっている。「真なる観念を持っている者」はたしかに、いま証明を読んでいるわれわれである。だが証明は、理解しているのは実はわれわれの精神になっている神（自然）だと言っている。理解しているのは、証明からすると、われわれの知らないそいつ、証明によってしか姿を見せないSなのである。人称が乱れてきて困るのだが、通過儀礼なので仕方がない。『エチカ』の最後のほう、第五部はもっとすごいことになっている。Sはいまやはっきりと、自分が何であるかを証明によって語り出す。それは現に証明によって見ている、われわれの精神の中の「永遠なる何ものか」だというのである。引用しよう。

人間精神は身体とともに絶対的に破壊されることはできず、その何かがとどまり、この何かは永遠なるものである。[*9]

永遠なる何ものかとは、身体の真理を永遠の相のもとに表現する神の中の観念のことだと証明は言う。そして、まさにこれらの定理の認識（第三種認識と呼ばれる）は、そういう精神の永遠なる部分が原因で生じているのだと。[*10] 引用した定理は『エチカ』の中の最大の謎として知られている。しかし間違いないのは、精神の中のこの「永遠なる何ものか」が、いまここで、この私の中で、証明によって見ているSだということだ。そいつはものごとを神の必然としてしか知覚しない。必然は時間で説明できないので、スピノザはそれを「永遠の相のもとに知覚する」と呼びならわしていた。そいつがものを見、観察する眼、それは文字どおり「証明そのもの」なのである。

こうしてわれわれは証明を通じて自分の中の永遠なる部分に引き会わされる（前章で言及したラカンが「あとでそっくり見出される」と言っていたのにこれは符合する）。スピノザ自身の言葉で言うと、われわれは証明経験として自分が永遠であることを実地に「感じかつ経験する」のである。[*11] ここに限らず、『エチカ』の中には証明は追えるのに何を言っているのかわからない定理がままあるが、それも不思議ではない。証明という眼で見ているのは、「目をあけて見る夢」の外、神という名の現実の中にずっといる、私の精神の一部、Sだからである。

もはや希望も恐れもなく

証明の秘儀にあずかると感情の体制も変わってくる。スピノザは可能・不可能・必然・偶然という様相が感情と不可分であると見ていた。希望と恐れは「ありうる」とか「かもしれない」とかいった可能様相でものごとを見ることから生じる。それはものごとを決定する原因を知らないイマジネーションのなせるわざである。だが『エチカ』のイニシエーションをくぐり抜けた者は、すべてを「神ないし自然」の永遠なる本性の必然として見るようになっている。[*12]「永遠の相のもとに」見るとは必然様相のもとで見るということである。「事物の世界においては一つとして偶然なものはなく、すべてはある一定の仕方で存在し働くように神の本性の必然性から決定されている」。[*13] そうなるともう希望も恐れもない。あるのは真なるもの、それ以外でありえない永遠なる現実を欲することだけだ。[*14]

こうして『エチカ』はわれわれがリアルだと信じている「目をあけて見る夢」の外を証明によって構成し、この外へと帰還させる。そここそは真理だけでできている現実、「神ないし自然」という名の、これしかない唯一の現実である。現実を生きるものは、いわばリアルタイムの永遠を生きる。スピノザはその息もできないほどの享楽を「神の知的愛」と呼んでいた。*15

ごらんのように、合理主義が神秘的なほどにまで過激化し、酷薄な〈事物の愛〉に満ちた不思議な倫理になっている。でも必然を受け入れよと言うのはあんまりじゃないかとおっしゃるかもしれない。いや、この倫理はイニシエーションという性格からしてあくまで自分用である。「人間」と呼ばれる他人たちについては別途考えなければならない。

第十一章
敬虔なるマキャベリスト

喜びの感情を互いのあいだで育み組織化することで共同性が生まれ、抑圧的な権力はいずれ消滅する。スピノザはそういう喜ばしい革命的哲学を述べ伝えているのだと言われることがある。とてもいい話だが、誤解だと思う。[*1] 前章で見たように、スピノザによれば精神は自分の外にいて、証明の中でしかその自分にアクセスできない。精神が自分だと思っている「私」でさえそうなのである。他人たちや「われわれ」はもっと遠い。スピノザからの連帯の合図は無限に遠いところにある。それを見て取ることができるのは、この遠さを知っている者だけだ。せっかくの話に水を差すようで申し訳ないが、ここはっきりさせておかねばならない。

スピノザは同時代人から「有徳の無神論者」とあだ名されていた。[*2] 当時の〝無神論者〟とは神を信じない不敬虔のやから、反社会的で自分のことしか考えない業突く張りのことである。スピノザは人格を持った超越神を認めず、人事の一切は衝動から出てくるなどと言っているので、その基準でゆくと立派に無神論者である。なのに彼の生き方は、人となりを知る人がみな認めていたように、高潔で、親切で、申し分なく信義に満ち、当時のニュアンスを込めて一言で言うなら、〝敬虔〟なものだった。[*3] こんなことはあってはならぬし、ありうるはずがない。あだ名は逆説の表現なのである。

現代のわれわれは敬虔なる無神論者というこの逆説の大きさをほとんど忘れている。けれど、たしかにスピノザには聖人とマキャベリが同居しているような不穏なところがある。いったい、敬虔なマキャベリストなんて可能なのだろうか？　本章はこの謎に迫ってみたい。ここがわからないと、なぜスピノザが『エチカ』に加えて『神学政治論』を書き、『政治論』を書いたのか、そしてそれで何を言おうとしていたのかわからないからである。

すべてのやつらに理性を

『エチカ』第四部の付録には「正しい生き方」について三十二項からなる一覧が載っている。実に不思議な記載である。「愛」だの「友情」だの、「正義」、「公平」、「誠実」、はては「宗教」や「敬虔」（道義心）だのといった倫理的な徳目の大切さが枚挙されているのだが、よく読むと、それはもっぱら自分の利益のために必要な「術策と用心」だと言っている。[*4] 生活物資をひとりで調達するのは困難だから、人間は協力しあうのにこしたことはない。それには友情の強化に役立つことをなすことが何より有益である。だが、「これをなすには術策と用心が必要である」。なぜなら人間たちはひとさまざまで、しかもたいていねたみ深く、同情よりも復讐に傾いている。なので相手の同じような感情に引き込まれずにひとりひとりの言うことを我慢してやるのはけっこう大変なのである。反対に欠点をとがめて説教するばかりでは、自分にも他人にも不快な存在になってしまう。しかしまあ社会から得るものは損害より利益が多い。とやかく言わず、彼らの非道を平然と耐え、和合と友情をもたらすのに役立つ事柄、すなわち正義、公平、誠実といった事柄に邁進するのが得策だ。人々はけしからん言動をするやつが出てくると黙っていないので、彼らの好意を得るために宗教と敬虔はとりわけ必要である。[*5] ごらんのように、結局、徳目は自分を利するための「術策と用心」なのである。なんてやつだとお思いになるだろう。

でも、なぜそう思うのだろうか。なぜ行いが正しいというだけではいけないのか？ 試されているのはわれわれである。いけないのは自己の利益しか考えてないからだ、とわれわれは言うだろう。スピノザはそういうことを言う人々を見越して、あえて「各人は自己の利益を求めるべし」という原則をはっきりさせようとしているのである。[*6]

自分中心でいいのか、という声はいたるところから聞こえてくる。いいのである。われわれが身体の真理であり、身体の存在を肯定し維持する衝動がわれわれの現実的本質であるかぎり、ほかにわれわれに何かをさせる原理などありはしない。これがスピノザの答えだった。[*7] スピノザは、理性に従う者たちは自分のためだけに必然的に一致する、そのかぎりで互いにすごく有益な存在であるということを証明の形で述べている。われわれはみな自然の無頭の思考の一部なのだから、自然の必然性に関して認識が一致しないわけにはいかない。ふだん仲が悪い二人でも、ひとりで動かせない冷蔵庫を動かそうとすれば一致する。だから、

人間たちは各人が最大に自分の利益を求めるとき、互いにとって最大に有益なものとなる。*8

こんなふうに、理性に導かれる局面に限れば人間たちはほうっておいても友愛と感謝で結ばれるようになっている。*9

というわけで、自分のためだけに、他人を大事にする。そのどこがいけないのか。やっぱりいけない気がする。なぜだろう。

不敬虔

きっとわれわれは、「自分のため」というところが許せないのである。そういうことを主張する自己中心主義はけしからんと言いたくなる。おや？　いまわれわれはスピノザがさっき言っていたとおりの、「術策と用心」を要する人々になっていますね。なぜこうなってしまうのか。こうなってしまうのは、われわれがエチカ（倫理）とモラル（敬虔の問題）を混同しているから

である。〝敬虔〟（pietas）は〝道義心〟とも訳され、反対の〝不敬虔〟（impietas）は不謹慎、不敬、不届きなことを意味する。スピノザがわかりにくいのは、彼がこの問題を倫理でなく神学政治論的な次元に属するものと考えているからだ。倫理が終わり政治的なものが始まるその境界は『エチカ』のなかにはっきり見てとれる。[*10]いわく、もし人間が理性の導きに従って生きるようになっていたなら、先に証明したとおり各人は他人を何ら害することなしに自己の自然の権利を享受しえたであろう。ところが人間はなまじ同類の感情を思い浮かべるイマジネーションがあって何とか自分を認めさせようとするので、容易にねたみや憎しみに染まり、相互扶助が必要なのに対立しあう。それゆえ、「人間たちが和合して生き互いにとって助けとなりうるためには、みずからの自然的権利を断念し、他人への害となりうるようなことは一切行わないという保証を互いに与えることが必要となる」。この「譲歩」が敬虔と呼ばれているものの正体なのである。

そのためにはただ、各人の持つ復讐する権利、よいと悪いを判断する権利を、社会がわがものとして要求するだけでよい。そうやって社会は、共同の生き方を定め法律を制定する権力を持つ。感情を抑制しえない理性でなく威嚇によって法律を強固にすることにより、社会はこの権力を持つのである。法律、ならびに自己を維持する権力によって強固にされたこうした社会は「国家」と呼ばれ、その権利によって保護される者たちは「市民」と呼ばれる。[*11]

重なる時期に書いていた『神学政治論』（*Tractatus theologico-politicus*, 1670）はこういうことが古代へブライ神政国家で起こっていたことを聖書から跡づけ、晩年の『政治論』（*Tractatus politicus*, 1677）はそれがいたるところで起こりいまも起こっていることをその原因から説明していた。*12 自然権の譲渡先が神だったり社会だったりするが、違いは人々の集団的イマジネーションに依存する。まあこれはホッブズとあわせていずれ論じることにして、今は次元の区別を理解しておこう。すなわち、

倫理（エチカ）の次元。そこに自己利益の追求の断念ということは出て来ようがない。エチカの問題は身体の真理である各人の自己存在の肯定力としての衝動（コナトゥス）が及びうる極大を確定しようとしているからである。そして、

神学政治論（テオロギコ・ポリティカ）の次元。そこでは敬虔、つまり、社会がいかにして各人の好き勝手な権利を譲歩させるかだけが問題である。われわれはスピノザの『政治論』がこの譲歩と服従をまさに各人の同じ衝動（コナトゥス）で説明するのを見るであろう。

これでスピノザがどうして自分のために何一つ断念せずに「譲歩」としか見えないふうに敬虔にふるまえるのか、そのわけがわかる。ふたつの次元の間を媒介するものは何もないし、必要でもない。倫理の次元で最も賢い自己の利益の追求であるものが、そのまま、神学政治論的な次元では人々の「譲歩」と区別できないものとして現われる。妥協でも使い分けでもなくて、理性に導かれる者にとっては同じものなのである。だから欺瞞や曖昧化ではない。ただの「術策と用

心」なのである。蛇のごとく聡く鳩のごとく柔和であれ。スピノザはいつもどおりあまりに明晰で、アブナいまでにまっとうなのだ。

だれが不敬虔か

したがって、スピノザ的に考えると敬虔の次元は異質なものどうしを同じ公序良俗のカテゴリーに同居させることができる。たとえば処罰を恐れて公平であろうとする人と、スピノザのようにに自己の利益追求の合理的なあり方として公平であろうとする人というふうに。ふつうは、そんなのでいいのかと言いたくなるが、スピノザは頓着しない。差異はエチカの次元での違いであり、神学政治論的な「敬虔」の次元では同じ「公平」だからである。『神学政治論』はまさにそういう仕方で当時の「敬虔」・「不敬虔」をめぐる問題に解法を与えていた。

当時オランダ共和国では〝不敬虔〟とは何かということが喫緊の問題となっていた。聖書に反するように見える科学や哲学の主張は不敬虔か否か。この問題をめぐって、カルヴァン主義正統派と非正統派の教派争い、大学内の神学部と哲学部の派閥争い、リベラルな共和派と統制的な総督派の権力闘争がからみあって、激烈な論争がかわされていた。ヨーロッパ随一の寛容国家にいまや暗雲が立ち込めていたのである。『神学政治論』はこの状況に介入する。スピノザの答えはこうである。――敬虔や不敬虔は思想的立場には何の関係もない、聖書は神や世界について事柄の真理を語っているのではなくて、ただ正義と愛をなせという抗しがたい神の命令を伝えているだけである。だから、どういう思想からであろうと正義と愛を実行している人は敬虔であり、命令に反しているなら口で何を言っていても不敬虔である。したがって、行いにおいて敬虔な人を思想的立場が違うからといって不敬虔呼ばわりする者は、そいつこそが神に反逆するやからなのだ——。

研究者たちはずいぶん頭を抱えてきた。スピノザは聖書の神を信じてそんなことを言っているのだろうか？　それとも、聖書は真理を含まず迷信的な服従だけを教えていると暗に暴露するためにそんなことを言っているのだろうか？

ここまで読んでこられた方には見当違いの問いだということがわかると思う。『神学政治論』が解かねばならなかったのは真理と関係のない、あの神学政治論的な次元の問題である。各人が神を本当はどう考えているかという差異は、そこでは無関連化され、そのことによって同じ「敬虔」に関係づけられる。聖書から確定されるべき「普遍的信仰の教義」は、それがなければ神の「正義と愛をなせ」という命令への服従もなくなり、服従のあるところ必ずそれがあるような、神に関する最低限の知として論理的に導出される。たとえば正しい生き方の最高の手本となる「神」というものが存在する、というふうに。この知が除去されれば、神への服従は論理的に成り立たない。教義は真かどうかはどうでもよい。「信仰は真なる教義よりも敬虔な教義を、いいかえると精神を服従へ駆るような教義を要求する」。正義と愛をなす人々ならどんなふうにそれを解釈していても信じていることになる、そういう教義だけが敬虔なる教義だ——とスピノザは証明していた。[*13]
これってやっぱり無神論なのだろうか。スピノザはやっぱり不敬で不届きなやつなのだろうか。そんなことをまだ言っているわれわれの前で、少し困ったような顔をしている端整なスピノザが目に浮かぶ。

Ⅲ部
ホッブズ

同意しなかった者も、今となっては残りの者に同意しなければならない。
さもなければ……

第十二章

国家論へ——ホッブズとスピノザ

われわれは思いのほか敬虔＝モラルに対する耐性がない。正しいとか正しくないとか、そんなことは許されないとかいった話にたいそう弱くて、そういう立場にコミットするのが倫理だと思ってしまう。ところが前章で見たように、スピノザはそういう話は彼の言う倫理（エチカ）と無関係だと考えていた。

実際、「正義と愛」、「敬虔」、「不敬虔」という『神学政治論』の問題系は、『エチカ』では完璧と言っていいぐらい不在である。〝敬虔〟は「理性に従う生き方から生じてくる、よいことをしたいという欲望」と再定義され、不敬虔の断罪とは何の関係もなくなる。〝正義〟とセットになった〝隣人愛〟（charitas）にいたっては、その言及すら『エチカ』にはない。

なぜか。それは、自然の一様態として人間を知ることに存する倫理＝エチカにとって、そういう概念は外面的にとどまるからである。正と不正、過ちといった概念は「外的な概念」であり、精神の本性を説明する属性ではない。[*1] なぜ外的かというと、そういう概念は最高権力への服従が義務づけられる「国家状態」なしに考えられない。つまり、国家＝最高の命令権という、人間とは別の事物の本性に関わる概念だから、なのである。スピノザにとって「敬虔」は実のところ神学政治論的な概念なのだと前に言ったのは、そのことだった。

とすれば、スピノザから見るとわれわれは二重に誤っている可能性がある。正・不正・過ちといった概念は本当は国家状態によって説明されなければならない政治論的な概念であるのに、それを何か信仰やモラルに関わる倫理的なものと思い込む（これが一つ目の錯誤）。そして、そんなふうに思い込まれた敬虔に類する概念で、反対に国家状態を説明できると考える（二つ目の錯誤）。もしそうなら、これはモラルに特有の二重の転倒、二重の錯視である！

いや、もしそうなら、これは大変だ。スピノザは、国家なきところ正もなければ不正も過ちもない、正と不正は国家とともに始まる、だから国家そのものについてモラルの言葉でどうこう言ってもたいていは誤ると考えていた。[*2] スピノザがなぜ倫理を扱う『エチカ』、モラルを扱う『神学政治論』とは別に、政治を扱う『政治論』を書こうとしていたのか、その理由はきっとここにある。

こんなふうに言うと何だかスピノザだけが突出しているように聞こえるが、そうではない。同じ時代、国家なきところ正も不正もないと言って憚《はばか》らぬ哲学者がもうひとりいた。あの『リヴァイアサン』で有名なイングランドの哲学者、トマス・ホッブズ（一五八八—一六七九年）である。スピノザは先輩ホッブズの著作をよく読んでいた。そのためだけではないが、モラルへの耐性という点で二人は共通するところがある（それで二人とも無神論を疑われた）。それだけに、十七世紀にあらわれた国家哲学のいくつかの可能性について考えるさい、この先鋭的な二人の違いが問題になってくるのは当然なのである。

こんなわけで、ここからはホッブズとスピノザの間を行ったり来たりしながら進めてゆくことにしたい。

もちろん、両者の比較はいまに始まったことではない。政治思想史の方面では二人の違いについていろいろ言われてきた。ホッブズは絶対君主シンパでスピノザはデモクラシーの先駆、だとか、いやいやホッブズこそ近代民主主義の本道でスピノザは過激、だとか——。けれど、われわれとしては民主的か反動的かといったこういう話には加わらないでおこう。モラルに後戻りしないか心配だからである。われわれが知りたいのはむしろ、思想的立場より哲学の違いだ。国家とは何か、どうして人は服従するのか。それに答えるのは思想でなくて哲学である。そのためにも、まずは手始めに、〈正しさ〉の道徳的圧力に抗する彼らの哲学的スタンスの確認から始めるのがよいと思う。

反モナルコマキ、ホッブズ

偶然かもしれないが、二人はともにその国家論への導入部分で「黄金時代」に言及している。共通するのは、そんな素朴な時代はもはやない、という認識である。この門をくぐる者、一切の望みを捨てよ、という厳かな声が聞こえてきそうだ。ホッブズから見てゆこう。

ホッブズは英語で書かれた『リヴァイアサン』(*Leviathan*, 1651)がよく知られている。が、同時代人にとってはラテン語で書かれた『市民論』(*De Cive*, 1642)のほうが決定的だった。[*3]（スピノザもこちらのほうは間違いなく読んでいる。）その序文でホッブズはたとえ話を出してきて、現下のイングランドの内乱の原因がどこにあるかを指摘している。以下はパラフレーズである。

——素朴な古代の人々は正義に関する認識が論争にさらされるより、物語にくるまれてあるほうを選んだ。最高権力を、一人の人間のうちに宿ろうと会議体の内に宿ろうと、とにかくある種の目に見えない神性として崇敬し、それのおかげで自分たちは守られていると考えていた。まずはそんな平和と黄金時代があったのである。ところがこういう知恵を授けたサトゥルヌスが追放されると、王たちに抗して武器を取るのは正当であるということが教えられるようになり、黄金時代は終わりを告げる。召集された私人たちは、最高権力の妹にして妻である「正義」をそそのかし自分たちの判断と理解に身を委ねさせようとしたが、正義のかわりに偽物の虚しい影を抱いてしまった。そうやって彼らは、「半分は正しく麗しいが半分は残忍で野蛮であり、あらゆる口論と流血の原因であるような、道徳哲学者たちの半人半獣的な教説」を生ませることになった……。[*4]

ホッブズはいわゆる「暴君放伐論」(「モナルコマキ」という)を断罪しているのである。正しい支配を行わない君主に対して人民は服従の義務はなく、そういう君主は正当にも殺害の対象となる――。ホッブズは道徳哲学者たちの説くこうした教えが内乱を引き起こしているのだと言う。(実際、われわれの知るように、イングランドの内乱、いわゆる清教徒革命は国王チャールズ一世の処刑にまで行き着いたのだった。)平和への道はどこにあるか、とホッブズは問う。もはやわれわれは黄金時代の素朴に還ることはできない。とすれば残るのは、かつて神性としてあった「最高権力」を鉄壁の論理で人為的に構築し、道徳哲学者たちの疑似正義を完膚なきまでに打ち砕くこと、これしかない。――ホッブズの全哲学はこの構築に向けられる。いずれくわしく見るように、この「人為」というアーティフィシャルなところがきっとホッブズの問題なのである。

少し言っておくと、それは社会契約と呼ばれているものの問題でもある。各人が互いに約束しあって共同の主権を設立する、というあの理論だ。ホッブズは社会契約説によって近代市民社会の原理を打ち立てたとよく言われるのだが、ちょっとそれではスマートすぎる。いま見た導入部からも察せられるように、ホッブズの哲学にはある種独特の、論理の暴力とでもいったものが潜んでいる。このイングランド人はただ者ではない。彼はだれからも王党派と目されて国外亡命していたが、革命軍が権力を掌握するや、なんとその首領クロムウェルに平然と帰順するのである。ホッブズはだれの代弁者でもない。いや、彼の哲学そのものが権力形式の純粋な構築である可能性がある。この点はいずれ触れることにして、いまは、暴力的なほどにまで人為的な論理ということだけ心に留めておこう。

反ユートピア、スピノザ

スピノザの『政治論』の冒頭にも「黄金時代」が出てくる。さっきのモラルの二重の錯視を念頭に置いて読むとなかなかに味わい深い箇所だ。これもパラフレーズして紹介しておこう。

――人間は本性上、よからぬ感情にとらわれる。それを哲学者たちはまるで人間たちのせいのように考えて、嘲笑したり嘆いたり非難してみせたりする。彼らの考えでは、どこにも存在しない人間本性をあれこれ賞賛し現実の人間本性に対して言論で攻撃できるようになれば、それで立派なことをしていることになるらしい。要するに彼らは、人間をあるがままのものとして考えず、かくあってほしいものとしてしか考えていないのである。「その結果、哲学者たちはたいてい倫理学（ethica）と称して風刺ばかり書き、実用に耐えうる政治学（politica）を一度も考えてこなかった。たとえ彼らが政治学を書いたとしても、空想の産物とみなされるのが落ちであろう。あるいは、そもそも政治学がもっとも不要なはずのユートピアとか詩にうたわれる黄金時代とか、そういうところでしか実現できないような代物だろう」[5]

たいていの哲学者はモラルを倫理学と取り違え、それを今度は政治学と取り違える。ごらんのとおり、二重の錯視である。スピノザにとって問題なのは、道徳哲学者たちが現実の必然に耐えうるような政治学をぜんぜん考えることができないでいる、ということだった。正しい為政者と正しい人民であれば正しい社会になる、そうならないのは人間たちが正しくないからだ。こんなことを言って何かを批判したつもりになっていても、現実に対してはあまりに無力である。「もし人あって、群集であろうと公務に忙殺される人間であろうと、彼らを理性の指図のみに従って生きるようにさせることは可能であると本気で信じているなら、そういう人は詩人のうたう黄金時代かお伽話を夢見ているのである」[6]。だが黄金時代やユートピアは不可能だ。すべてはそこから始めなければならない……。

反モナルコマキのホッブズ、反ユートピアのスピノザ。この違いにはもちろん、王政イングランドと共和国ネーデルラントという背景の違いがある。でもそれだけではない。彼らの哲学が違う。問題はその違いだ。このあと何章かをこの問題の吟味に当てようと思う。一度に全部は言えないので、この章ではそのとっかかりと見通しだけ。

人為と自然

哲学が違う、と言ったが、それは十七世紀の意味での「哲学」である。デカルトの章で触れたように、彼らは今のように科学と哲学というような分け方をしていなかった。今日のわれわれには変に見えるが、同じ合理的な方法で探究しているなら対象が何であろうと「哲学」、なのである。だからホッブズが「国家は物体である」[*7]と言い、スピノザが「国家は自然的な事物である」[*8]と言い出しても仰天してはならない。

われわれはふつう、人為と自然という区別を当たり前のように思っている。あそこにいる猫は自然物だがこの自転車は人工物、というふうに。だがその区別は、デカルトが宇宙の全体は一種の自動機械みたいなものだと言い始めていたあの時代、それほど自明ではなくなっていた。デカルトは猫物体と自転車物体のあいだに本質的な区別を認めなかっただろう。どちらも同じ自然法則のもとに存在し作動する一種の機械だからである。

しかしそこから先は、可能性が大きくふたつに分かれる。ひとつは、すべては物体であり、物体なら仕組みがわかればシミュレーションでそっくりのものを作れる、だから自然は人為に等しい、という方向（ホッブズ）。もうひとつは、すべては神＝自然の中で生じる出来事であり人間もその一部なのだから、われわれが人為だと思っているものもすべて自然の産物である。それゆえ人為は自然に等しい、という方向（スピノザ）である。

ホッブズが国家は物体だと言うのは、同じようにその発生をシミュレートできるからだ。次章に見るように、彼の哲学はそういう人為的シミュレーションの体系だった。政治論の基礎として

「物体論」を論じ、それを「計算」（コンピュテーション）としての論理から説き起こすやり方がそのことをあらわしている。スピノザはまったく逆だ。彼によれば国家は人為などではない。国家は彼が「群集の力能」と名づける自然的な力によって決定される「自然物」であり、われわれはそのことを常に誤認する仕方で現実を「人為」と考えてしまうようになっている……。

こう見てくると「機械論」だの「唯物論」だのという言葉は十七世紀の哲学を理解するのに何の役にも立たないことがわかってくる。人為がそのまま自然に反転し、あるいは自然がそのまま人為に反転する。人為と自然というおなじみの二元論を転覆させる二つの思考の出現。それが問題なのである。

第十三章
哲学はシミュレーション

正しいことを求めるべきである。そう言われれば、だれも反対できない。しかし正しさへの情熱はときに残忍さに転化する。ホッブズはそういう事態を、国王の処刑へと行き着く祖国イングランドの内乱に見ていた。スピノザの祖国もまた安泰ではない。『神学政治論』が出てまもなく、共和国のリーダーだったデ・ウィット兄弟は総督支持のカルヴァン正統派に煽動された民衆の手にかかって惨殺される。ほとんどクーデターである。

いずれにせよこの時代、人を服従させる最高の命令権、「インペリウム」(imperium)の存在は、もはや自明ではなくなっていた。統治権とか国家とか訳されるインペリウムは「命令する」(imperare)という語から来ている。その名のとおり、みなを服従させる権利である。だから、それは当然だれをも超えた高みに位置していなければならない。だれをも超えて正しいのはしかし、もちろん神である。ならばどうしてこんな王、こんな政府がそういう命令権を持っているなどと言えるのか。あいつらはただの人間ではないか――。

前章で見たように、ホッブズとスピノザはそれぞれに、この剣呑《けんのん》な問いに立ち向かった。自明性の喪失は「黄金時代」の喪失と暴力の回帰でもある。だからこの問いに哲学は答えなければならない。ホッブズは徹底した人為の論理をもって、スピノザはこれまた徹底した自然主義をもってこの問題に臨んだ――ここまでが前章で立てた見通しである。

スピノザが自然主義だというのは、まあわかる。権力も現実の一部であり、現実は彼にとって神＝自然なのだから。だがホッブズは、これから見てゆくように少しばかり難しい。ホッブズの場合、国家はある種の虚構、フィクションである。にもかかわらず、それが何だか妙なふうに、現実と接続している。この接続の仕方が問題なのである。問題を捉えるには彼の国家論だけ見ていてもだめで、自然学や論理学を含めたホッブズ哲学の全体を視野に置かなければならない。

ついでに言うと、ホッブズにスピノザを対抗させて批判することは昨今では珍しくなくなってきた感がある。よいことだと思う。だがホッブズにはいま言ったような暗部がある。その闇の深さを知っておかないと、それに見合ったスピノザの大きさも本当はわからない。スピノザに出てきてもらうのはそのあとである。

というわけで、ここからはホッブズである。ホッブズが彼の哲学的プロジェクトをどのように構想していたか、その基本的な特徴を押さえるところから始めてゆこう。

ホッブズの謎

ホッブズの哲学にはたしかに奇妙なところがある。少し考えれば気がつくことだ。ホッブズの哲学は、よく言われるように機械論的唯物論に見える。物体でないようなものはどこがどうなっているか調べようがないので考えても仕方がない、という立場だ。デカルトとの討論でも、あなたのおっしゃる思考するものは物体的なものであると思われます、などと言ってデカルトをイライラさせている。[*1] で、これもまたよく言われるように、ホッブズは社会契約説によって近代国家の基礎づけをなしたとされる。変ではないか。だってそうでしょう。機械論的唯物論によれば人間は自動機械みたいなもので、そのふるまいはすべて物理的に決定される。そんなのが互いに約束し契約を結ぶというのである。あなたのパソコンが知らぬ間にネットでどこかのパソコンと契約を結んでいたとして、パソコンに契約の責任が負えるだろうか。機械論的唯物論と契約説というホッブズの取り合わせは妙なのである。二つを一緒にするのはいささか無理があるとする研究者もいるほどだ。[*2]

もうひとつは、「社会契約」それ自身の奇妙さである。いずれ詳しく見るが、要するにわれわれが国家の命ずる法に服従する義務があるのは、われわれが自らそうしましょうと互いに約束したからだ、という学説である。だがそんな契約がいつ結ばれたのかだれも知らない。いや、それは本当にあった契約ではなくて、契約したことにしておきましょうというある種のフィクションであるとおっしゃるかもしれない。おそらくそうなのだろう。けれどもホッブズは、契約を国家＝インペリウムの起源として語る。まずは法も何もない自然状態があった。それは恐るべき「万人の万人に対する戦争」状態である。その状態を脱し国家状態へと移行するためには各人相互の契約がなければならなかった、とホッブズは言う。たしかに、国家は永遠ではないので、いつか開始したのでなければならない。ならば起源としての契約も現実にいつかあったと言わねばなるまい。実際ホッブズは、野蛮な未開の地ではまだそういう自然状態が見出される、などとほのめかす。[*3] すると、「社会契約」はフィクションなのだが、単なるフィクションではない、という妙なことになる。

ホッブズは食えない哲学者だ。彼がこういう奇妙さに気づいていないなどということはありえない。ある時代の政治思想として見るならこういうややこしいところはパスすることもできる。だが哲学史ではそういうわけにいかない。ホッブズにはある種独特の論理がある。様相がらみのとても奇妙な論理がある。

サイエンスとしての哲学

彼のプロジェクトを大きいところで見てみよう。ホッブズは自分の哲学を三部構成で考えている。すなわち、一、物体論（自然的物体について）、二、人間論（人間の性状と態度について）、

三、国家論（臣民の義務について）。各部は結局単独に、それぞれ『物体論』（*De Corpore*, 1655）、『人間論』（*De Homine*, 1658）、『市民論』（*De Cive*, 1642）として出版された。『リヴァイアサン』（*Leviathan*, 1651）はいわばこれらをコンパクトに洗練・圧縮したものである。

三つの部門はこの順序で積み重ねになっていて、全体として一つの大きな研究プロジェクトを構成する。『物体論』の第一部（「計算すなわち論理」と題される最初の六章）はちょうどプロジェクトの説明になっているので、これを参照しよう。研究の対象は一言で言うと「われわれがその発生ないし特性を知ることのできるようなあらゆる物体（corpus）」に尽きる。それには二種類あって、「その一つは自然の作品であり〝自然的物体〟と呼ばれ、もう一つは〝国家〟（Civitas）と呼ばれ人間たちの意志と合意によって作られる」。（やっぱり国家は物体だと言っている！）かくて三つの部門は物体研究という点で共通する。「国家論」は物体としての国家の発生と特性を研究する。そのためには、この人工物の制作者でもあり素材でもある人間という物体の特性に関する研究、「人間論」がなければならない。そして人間は自然的物体なので、まずはじめに物体一般に関する研究、「物体論」がなければならない――こんなふうになっている。[*4]

それにしても、国家が物体だというのはいかがなものかとおっしゃるだろう。だが、ホッブズはやみくもに物体だと言っているのではない。むしろある種の知のタイプ（ホッブズの言葉で「サイエンス」[*5]）を考えていて、それに合致する対象を「物体」と呼んでいるのである。この知のタイプ、これがなかなか捉えるのが難しいのだが、とりあえずわれわれはそれを「シミュレーションによる知」とでも名づけておくことにしよう。発生がシミュレートできないならサイエンスの対象ではない。逆に、もしシミュレートできるなら国家も自然的物体も物体である。きっとホッブズはそう考えている。

もし、と言ってみる

そのことはホッブズが事実認識と推論による認識をはっきり区別して、哲学はあとのほうにだけ関わると言っていることからうかがえる。たとえば、

「人間は生き物である」

これがただの事実を述べているなら、哲学にはならない。人間は生き物です。そうですか、というだけのことである。しかし、

「もし何かが人間なら、その何かはまた生き物である」

こちらのほうはただの事実以上に、二つの名前〝人間〟と〝生き物〟の必然的な結びつきを述べている。こういう形の命題（仮言命題）は、それが真としか言えないとき、〝人間〟のある種の定義を与えていることになる。「もし何かが生き物なら、その何かはまた物体である」もそうだ。で、この二つの命題をつなげて前提にすると、そこから「もし何かが人間なら、その何かはまた物体である」が論理的に出てくる（そうですね）。これは「人間は物体である」という、事実だけ見ていてもにわかには信じ難い結論の論証（仮言三段論法）になっている。[*6] 事物の因果的説明

にも同じことが言える。たとえば丸い形を百回目撃しても、それはただの事実の報告でしかない。そうですねえ今回も丸いですというだけのことだ。だが、「もしある物体の一端が固定され他端が運動するなら、その他端が描く軌跡は円である」——これはただの事実報告ではない。そうにしかならない推論の必然を述べている。仮言命題はここでも作図の運動の名前と図形の名前との必然的な結びつきを示していて、〝円〟という名でわれわれが考えるものの「発生的定義」になっている。

「もし〜なら……」はまた仮説を作るのにも活用される。「もしXがなかったならこうはならなかっただろう」。そう言えるなら、Xは原因の少なくともひとつであると結論してよい。*7

ホッブズは前者のような名前の結合を「綜合」、後者のような原因の析出を「分析」というふうに呼んで、哲学はこの両方を組み合わせてやっていく、だから事実の記録としての「歴史」は哲学から外されるのだと言っている。*8

シミュレーション

こんなふうにホッブズは、哲学の論証はすべて必然的な仮言命題の連鎖でやっていくべきだと考えた。驚くべきことに、彼は名前どうしの必然的な結びつきでできたある種の「計算」(コンピュテーション)を考えていたのである。*9 仮言命題の連鎖は、「かりに〜とせよ、しからば〜となる」という指令とその実行の形になっている。指令は、いわばコンピュータ・プログラムのコマンドのようなものだ。コマンドを入力すると、必然的にその結果が返される、というふうに。実際ホッブズは計算プロセスを、ある種の因果的なプロセスと捉えている。論理学者は「前提は結論の原因である」という言い方をするが、ある理解は他の理解の原因であるという意味でこれは正しいとホッブズは言う。ひとつの知は実際に別な知の原因なのである。*10

さて、こう見てくると、ホッブズが考えていた知のタイプが「シミュレーションによる知」だということは明白だ。シミュレーションは、本当に発生させるわけではないがあたかも発生させたかのように結果を作ってみせる。すると心配になるのは、それは本当に現実を説明しているのだろうか、ということだ。ホッブズはこの点について、ほとんど確信犯的と言ってよい。そういう問いは無意味だと答えるのである。たとえばさっきのような円の発生的定義は、実際にそんなふうに作られたかどうかではなく、「それが作られえたであろうような方法」であればよい。その方法で円が生成できることが知られているのだから。*11 それに、たとえシミュレーションが仮想現実だとしても、われわれは現実と「類似した結果」をシミュレーションどおりに実際に作りだせる。「知の目的は力」であって、国家論もまたその例外ではない。*12

こうしてわれわれはホッブズの暗部に接近しつつある。有名な『リヴァイアサン』の冒頭を引用しよう。すべての自然は人間の技巧（art）によって模倣されうると始め、彼はこう続ける。

技巧はコモンウエルスあるいは国家（ラテン語でCivitas）と呼ばれるかの偉大なリヴァイア

サンを創造するが、それは〝アーティフィシャルな人間〟にほかならない。〔……〕この政治的物体（Body Politique）の各部分を最初に作りだし・集め・結合した約束および信約は、創世のさいに神が宣したもうた〝さあ人間を作ろう〟というあの指令にたとえられる。*13

作りだされる国家はシミュレーションなのだろうか、それともシミュレートされた現実なのだろうか。

第十四章
意志がなかったとは言わせない

ホッブズを続ける。

ホッブズにはとても奇妙な論理がある、と私は言った。「仮にしかじかだとしてみよう、するとこれこれである」。この「すると……」が必然的で、必ずそうなると言えるとき、われわれはだれもが認めざるをえない推論を前にしている。推論は計算だ、こういう仮言の形をした必然的な推論の連鎖だけで哲学はやってゆく、とホッブズは考えた。彼の哲学は本質的にシミュレーションなのである（前章）。推論は事実の有無を言っているのではない。仮に、ある物体の一端を固定し、他端を動かすとせよ。すると必然的に、この他端の描く軌跡は円である。このことは実際の円形物が事実そういうふうにしてできたかどうかにかかわらず真である。そして発生をシミュレートできれば、そこから円のさまざまな性質を証明し、予見し、応用できるようになる。そんなふうに、自然的物体であろうと人間であろうと国家であろうと、現実に存在するあらゆる対象を、あたかもそうやってできたかのごとくアーティフィシャルな仮言的構成として説明する。これがホッブズ・プロジェクトだった。

現実に追いつくために「仮に」ということで有効な説明を見つける。そこは科学的かもしれない（いわゆる仮説演繹法である）。だがホッブズの場合妙な具合になってくるのは、いつのまにかそれが逆転して、現実が「仮に」の説明に追いつかねばならなくなるということだ。シミュレーションの奸計《かんけい》、とでも言おうか。

この変にねじれた論理はホッブズの哲学のいたるところに遍在している。ためしにホッブズの意志的行為の議論のうちにそれを探り出してみよう。

決定論の問題

行為が行為と言えるためには意志的でなければならない。意志的、というのは要するに、そうしようと思ってする、ということだ。電車の中でだれかが足を踏んづける。本人がそうしようと思ったわけでないなら、気をつけろよ、ですむ。が、そうでないなら事態はたちまち険悪になる。それは踏んづけたのが意志的行為だからである。問題は、ホッブズのような機械論的決定論がこの区別を言えるか、ということだ。

ホッブズによれば、人間のふるまいを含めすべては物理法則に従って必然的に生じる。当然、自由意志の存在は認められない。ならば、どうしてふるまいの責を問えるだろう。これが「臣民の義務」を根拠づけようとするホッブズ哲学の根幹にかかわることは、すぐわかる。だがホッブズは決定論が彼の立論を危うくするとは考えない。それどころか、むしろ機械論的決定論こそが義務の盤石の理論基盤を与えると考えているふしがある。彼によれば、行為は必然的に生じるが、だからといって行為する意志がなかったとは言えない。行為は決定されていても意志的なのである。この何だか変な感じは、彼が言及しているストア派ゼノンのエピソードからうかがえる。だいたいこんな話である。

——すべての行為は必然的に生じるとゼノンは主張していた。ところがある日、彼の召使いが盗みを働く。むち打とうとすると、抗弁してくる。おかしいじゃないですか、あなたがいつもおっしゃっているように、私は盗むよう決定されていたのですよ。ゼノンは応じる。そう、お前がむち打たれるということもな。

行為へと決定されているからといって、その責を逃れることはできない。——いずれ見るように、これはホッブズ国家契約説の決定的な論点である。

いまのエピソードは自由意志論者ブラムホールの反論を駁する『自由と必然について』（*Of*

Liberty and Necessity, 1654）に出てくる。[*1] その他、本文ではいちいち断らないが、『人間本性』（*Human Nature*, 1650）という名で知られるテキスト、そして『リヴァイアサン』の第一部「人間について」の前半を参照しながら、以下、ホッブズの行為論を追ってみる。

人間、この行為する物体

ホッブズによれば人間は物体である。この物体は自己保存のためのメカニズムを備えていて、外部の対象から有害な刺激が来ると回避行動をとり、有益な刺激が来ると追尾行動をとる。外からは見えないが、そういう運動の始まりが身体内部で生じているのは間違いない。ホッブズはこれを「努力」（endeavour）と呼んでいる。

でも、その努力というやつも因果的に決定されて生じているわけですよね。もちろんそうである。そうなのだが、そんなことを言っても行為の説明にはならない。たとえば、だれも無限の因果連鎖が扇風機の首を振らせているとは言わない。首振りを説明する原因は内部のメカニズムの作動にあると知っている。だから調子が悪いと中を調べる。人間も同じで、そのふるまいを説明する直近の原因は脳内に想定された運動の端緒に求められる（ホッブズは実体としての心など認めない）。この「努力」は刺激に対する反作用として外に向かう。だから何か志向性に似たものに違いない。ホッブズはこれを「表象作用」（イマジネーション）と呼んでいる。[*2]

というわけで人間はどこから見ても物体だが、たんなる反射運動でないかぎり、そのあらゆるふるまいの元には脳内の表象の継起という物理的運動が介在していなければならない。外からは見えないけれど、そいつは自己保存の衝動から何かを表象している。そして欲求や嫌悪へと導かれ——たとえば盗みを働く。

意志はなかったことにはできない

で、「意志」はどこにあるのか？　ホッブズの答えは、表象作用のプロセスの終結部に位置する「最後の欲求ないし恐れ」、これがその人間の意志だ、というものである。パラフレーズしながらホッブズから引いてみる。

——欲求と恐れは「われわれの行為のはじめにある知覚されざる端緒」である。最初の欲求に引き続いて行為が直ちに生じる場合もあるが、この行為によって引き起こされるであろう悪を懸念する恐れが続いて生じ、そこから新たな欲求が生じ……というふうに、行為の実行まで恐れと欲求が代わる代わる継起する場合もある。行為がわれわれの力のうちにある間に生じるこの「欲求と恐れの代わる代わるの継起」、これが〝考量〟(deliberation) と呼ばれるものにほかならない。このプロセスは考量中の行為がわれわれの力のうちにあるあいだじゅう継続するであろう。そして、考量における最後の欲求ないし恐れ、これが〝意志〟(will)と呼ばれるものである。すなわち最後の欲求が、為そうとする意志であり、最後の恐れが、不実行の意志である。*3

大事なのは、ホッブズがこのプロセスをまったく物理因果的な過程と考えていることだ。不実行も内部運動の端緒を制止する対抗運動だと考えれば、行為はすべて身体の運動である。運動なら、その物理的な端緒が当の身体の内部、おそらく脳の実質のうちになければならない。それが〝意志〟である。そして意志は考量の終結部に位置しなければならない。なぜなら、意志は行為に直接先行する最後の意見ないし判断、つまり、その行為を為すのがよいかどうかについての最後の意見や判断に続いて、起こるからである。もちろん、一つの行為が生じるためには物理的な世界の無限に多くの原因がそろっていなければならない。けれども、ホッブズの表現を借りれば、ぎりぎりまで重荷を負わされた馬の背骨は一枚の羽根をのせるだけでへし折れる。*4ちょうどそのように、考量の最後の指令は、たとえそれが原因の全体ではないにせよ、やはり「最後の原因として〝行為〟を必然化する」。考量の終結で何を表象したにせよ、それはいわばカタストロフィックな仕方で意志を生じ、行為をリリースするのである。考量のプロセスを含め、連鎖はすべて物理的な因果連鎖としてシミュレートできる。

こうして見てくると、因果決定の連鎖から外れる〝自由意志〟という主張は意志的行為の理解をあいまいにするだけだ、というホッブズの批判がよくわかる。それはまるで、「原因が十分すなわち必然的であっても結果は生じないだろう」と言うようなもので、まったくナンセンスなのである。*5

というわけで、ホッブズの議論は仮言推論の形で一貫している。すべての行為は必然的に生じるが、だからといって意志的でないことにはならない。むしろ、もしふるまいがたんなる反射運動でないなら、その原因として「最後の欲求ないし恐れ」が生じていなければならなかったはずであり、また、もしそうなら、それを生じさせる一連の「考量」、すなわち行為をするかしないかの選択プロセスが先行していたのでなければならない。なぜなら（ちょっとくどいが）、もしこういう原因が当の人間物体の内部になかったなら、そもそも行為は生じえなかったはずだから。したがって、あの召使いは実際に盗むよう決定された以上、自分には選択も意志もなかったと抗弁することはできない。やってしまったなら、「意志」はもう、論理的に言って、取り消せない。機械論的決定論が一切の言い訳を不可能にするのである。

現実は転倒して語られる

でもやっぱりどこか変な気がする。決定論と行為の自由が両立するかどうかという問題は現代の哲学でも定番である。が、どうもそういう議論の次元でのおかしさではない。変なのは、議論自体が間違っている（その可能性はある）からというのではなく、ホッブズの一連のシミュレーションがいつの間にか、哀れな召使いの取り消し不可能な意志の存在を、あたかも事実であるかのように確立してしまっているから、である。ホッブズは言うであろう。召使いがむち打たれるのは、彼の行為が決定されていたという理由によってではなく、彼の「意志」が主人の掟に反するという事実によってである。もちろん、むち打ちを逃れることはできない。

これでいいのだろうか。というのも、「考量」の脳内プロセスはだれも外から観察はできない。というか、考量は「欲求と恐れの代わる代わるの継起」という、生じていたであろう脳内シミュレーション・プロセスの、そのまたシミュレーションなのである。当人ですら、「最後の欲求ないし恐れ」については事後的なシミュレーションで語るしかない。なのに、「意志」は事実あったことに、いわば論理的に、なっている。

おわかりのように、ホッブズの哲学では、正確には、意志は現にある、ではなくて、行為がなされたそのときから、あったことになる、というふうになっている。ホッブズの言う「意志」は、本質的に、存在していたことにあとからなる、事後の論理的構成物なのである。——よく考えると「意志」なんてものはもともとそういうものなのかもしれない。行為してしまった者は責を問われる。そのとき、行為を説明するためにはじめて「意志」があったことになりはじめる。しかし自分のことを考えてみても、行為の直前に事実自分がどういう欲求や恐れを持っていたかなどわかったものではない。「意志」はあとから作られるのだ。

取り消し不可能

こうやって見てくると、なぜホッブズが臣民の服従義務を説くために、論理学だの物体論だのから始めるのかという理由がわかってくる。彼は一見、事物の必然について語っているように見えるが、その実、もし原因があるなら結果がないなどということはありえない、とか、もし結果があれば原因がなければならない、という論理的な必然を語っているのである。「真理は語り(dictum)に存するのであって語られている事物に存するのではない。〔……〕したがって、真偽は談話(oratio)を使用する生き物たちの間にしか存在しない」とホッブズは言っていた[*6]。その生き物たちとは、まさに自分や他人に論理でもって「意志」を帰属させる生き物、人間である。ホッブズの哲学の目標は、事実がどうであれ国家契約があったことにしてしまうという、鉄壁の論理の構築にあるのだった。今の話がこれに関わっているのはおわかりであろう。ホッブズの哲学の中心にあるのは、取り消せない意志、取り消せない約束、「取り消し不可能なもの」なのである。

第十五章

契約の論理

以上がホッブズの意志論である。ホッブズの哲学はただの機械論的決定論ではない。いったん行為してしまえばその意志がなかったことにはできないという取り消し不可能性、これに機械論が独特の仕方で結びついていたのだった。「取り消し不可能」はホッブズの用語ではない。私の言葉である。けれど、どうしてもそう言いたくなるある種の様相概念がホッブズの思考の中心にはある。

さてそうだとして、その「取り消し不可能」が彼の国家論とどんな関係があるのか。これがここからあとのお話である。

ご存知のようにホッブズは社会契約説である。国家社会はみんなの約束で作る。わかりやすいといえばわかりやすいが、その説明はいったい何をしていることになるのかと考え出すと、結構難しい。約束は守るべきである——それはそうなのだが、この「べき」はどこか暴力のにおいがする。ホッブズは重々そのことを承知していたはずだ。彼は約束というものの本質について相当深く考えていて、契約を取り消し不可能にするものは何なのか、何がそうさせるのかということをずっと問題にしていた。そこを抜きにして、社会は約束事だなどと言っていてもホッブズのすごさはわからない。

約束は、盗んだり逃走したりと同じように、ホッブズの言う意味での意志的行為である。ただ違うのは、それは言葉で何かすること、いまで言うなら言語行為、「スピーチ・アクト」だということだ。言葉を発することが、即、何かをしたことになる。「では始めます」と議長が宣言すると、そのことによって会議が始まる。「この者を妻とします」と誓うと、そのことによってその者は妻になる。現代のオースティンやサールのこの問題系に十七世紀のホッブズはすでにコミットしていた。どころか、ひょっとすると、彼らよりも深く入り込んでいたかもしれない。というのも、ホッブズはいつも、言葉でなぜ何かをしたことになるのか、なぜ取り消せなくなるのか、言葉で何かをすることは結局、多かれ少なかれ約束に似た行為ではないか、という問題を考えていたからである。

というわけで、この章は彼の約束の理論から始める。(ほら、そう言うことで、この章が始まっており、そうしないわけにはゆかない……。)

約束する生き物、人間

真と偽は言葉を使用する生き物、すなわち人間の間にしか存在しないとホッブズは言っていた。真偽を云々できるのは「語り」についてだけで、もの言わぬ動物たちに真偽は関係ない。ホッブズは約束についても同じように言う。約束もまた言語を使用する人間の間にしか存在しない。そして——ここがポイントだが——約束なきところ、いかなる正も不正も無い。正しいとか間違っているとか争うのは人間だけなのである。[*1] たしかにうちの猫は約束してくれそうにないし、「正しい」ことがどういうことかもわかってくれない。困ったものである。ところが人間は約束し、言質を与える。いたいけな子どもにまでわれわれは約束させる。もし何かあるものが約束するならば、それは人間であろう、と言いたくなるほどだ。

人間は約束する。で、それで何をしているのか。ホッブズによれば、人間は約束することで、自分のいまだ見ぬ未来の意志を、そのときになって取り消すことができないように、するのである。正や不正はこの取り消しにかかわっている。

前章では、いったん行為してしまったらその意志がなかったとはもはや言えない、という取り消し不可能の議論について見た。ゼノンの召使いは盗むように決定されていたからこそ、行為をリリースする最後の欲求たる意志が彼のうちになかったことにはもうできない。だがそのことがむち打ちにあたいするのは、この取り消せなくなった意志が彼の主人との何らかの約束に反するからである。さもなければむち打ちは主人のただの暴行にすぎないであろう。だから、もし仮に不正と言えるものがあるなら、それによって侵害される約束が先になければならない。

世間の言い争いにおける侵害や不正は、学者たちが議論において背理と呼ぶものに似ている。というのも、議論では最初に主張していたことに反することが背理と呼ばれるのだが、同じように世間では、最初から意志的にやってしまったのにそれを意志的に取り消すことが不正とか侵害と呼ばれるのだから。*2

最初から意志的にやってしまったこと、とホッブズがちょっと変な言い方で言っているのが約束という行為である。先に約束した意志を、あとで意志的に取り消す。掟に従いますと主人に約束しておきながら従わない。それが不正ということだ。それはAと言っておきながらAでないと言うようなもの、つまりは論理的な背理、矛盾なのである。もちろん矛盾を押し通すことはだれにもできない。だから正しいと言えなくなるとホッブズは考えているのである。ホッブズは「コンシャンス」(conscience 意識ないし良心)という語を独特なふうに解していて、ともに(con-)知っていること(scientia)の意味だとしている。彼によれば、言葉は一種のサイン、合図である。他人に通じないような言葉は言葉ではない。通じてしまえば、ともに知っている。だから約束に反することは良心に反すると言われるのだと。*3

内面の法廷と外面の法廷

それゆえ約束は守るべきである。守らなくてもよいような約束は約束とは言えない。これはいわば約束が約束であるための文法のようなもので、だれもがそのことを知っている。だからホッブズも「約束は守るべし」という規則を自然法の中に数える。だが、そういう文法に逆らえないからといって、本当に守るべきなのだろうか——。ここがホッブズの面白いところだ。『リヴァイアサン』から引用しよう。

> 諸々の自然法の全体が義務づけるのは〝内面の法廷〟においてである。つまり自然法が実現してほしいという欲望へと拘束するのである。だが〝外面の法廷〟においてはいつも義務づけるとはかぎらない。つまりそれら自然法を実行に移すということへは必ずしも拘束するとはかぎらないのである。というのも、自分以外だれもそうしないような時と場所において自分だけ謙虚で従順でいたり、約束したすべてを履行したりするなら、それは自分自身を他人の餌《え》食《じき》にし、おのれの確実な滅亡を招くことだからである。だがそんなことは全自然法の基礎に反する。全自然法は自然の保存を意図するのだから。*4

ホッブズが描く自然状態は、まさにこの「内面」と「外面」のギャップを露呈させるための思考実験だと言ってよい。約束は守るべきものだ、というだけではまだ真理は半分である。約束を実際に守るべきものにしているのは何か。何がそのギャップを埋めているのか。これがホッブズの問いにほかならない。

自然状態のジレンマ

「万人の万人に対する戦争」という言葉があまりに有名なので、ホッブズの自然状態は野蛮で好戦的な人間たちの集まりだろうと思っている人がけっこういる。それは間違いである。ホッブズの契約説は、野蛮な人たちがいてあるとき理性に目覚め社会契約を結びました、などというものではない。契約説は一種の計算、シミュレーションだということを思い出そう。自然状態は約束の（そして取り消し不可能性の）存在条件を割り出すためのシミュレーションである。そしてシミュレーションは、想定された〈国家なき人間たち〉にめいっぱい計算させることで進行する。理性は計算だ。そうホッブズは言っていた。

引用にあった「自分以外だれもそうしないような時と場所」、これは自然状態のことである。絶妙な言い回しに注意しよう。ひとりだけがいい子なのではない。そこでは、だれもがそれぞれに「自分以外だれも……」と考えるのである。ええ、私は約束を守るつもりなのですよ、だけど他人はわからない……そんなふうに、等しくだれもが計算する。それは、ずるをする計算をだれもができてしまうということをだれもが計算するからである。ホッブズの自然状態はだから、まったく同等で、まったく自分の理性の指令だけに従う自由かつ平等な人間たちが、まさにそれゆえに「万人の万人に対する戦争」にはまり込むという、何と言うか、もうほとんどブラックユーモアの世界なのである。ホッブズは言っている。「能力の同等性」から「期待の同等性」が生じ、各人は互いを出し抜こうとする――そこから相互不信が生じ、自分を防衛するために先手を打つ。手段を選んではいられない……。[*5] みごとなシミュレーションである。

よく指摘されるように、これは現代のゲーム理論で言う「囚人のジレンマ」に相当する。約束を守れば平和になる。それはわかっているのだが、約束を守れば馬鹿を見るかもしれないこともわかっている。それで結局は、だれもがまずいとわかっていながら守れない。このギャップを埋めるのは、自然状態が差し引いていた前提、すなわち国家の存在である。約束を守らない者に力ずくで守らせる圧倒的な力、法と暴力が一体になった有無を言わせぬ「インペリウム＝最高命令権」を担う主権者、これがなければ約束は約束として存在できず、取り消し不可能なものも存在せず、したがって正も不正も存在しない。というか、存在しなかったはずなのである。

社会契約

ここまで来れば、あとは国家を発生させるだけだ。ホッブズは各人が従う「理性の一般規則」をこんなふうに設定していた。すなわち、みすみす死ぬとわかっているようなことは回避しなければならない。これが大前提。そして平和の見込みがあるなら「平和を求めるべき」であり、見込みがないなら「あらゆる手段で防衛してよい」。この分岐の前者はちょうど「自然法」、後者は「自然権」になっている。[*6] さて、いまやシミュレーションの結果、平和の条件が国家であることが明らかになった。見込みははっきりした。だから当然、分岐の一方の自然権を捨て、他方の自然法に従って国家を作るべきである。すなわち各人が自然権を放棄し、みんなの代理人として選ばれた共通の主権者にこれを譲渡して、今後この者の決定のみに服従するという契約を互いに結ぶ。つまり社会契約である。[*7]

うーむと言わせるほど巧妙にできている。これでゆくと、主権者（一人の人間でも議会でもよい）は各人の間の相互契約関係の外に現われるので、だれとも約束関係にない。しかもホッブズによればその契約は、この巨大な代表人格のなすすべてのことの「本人」は契約者自身である、と約束する内容になっている。すると第一に、主権者は論理的に不正であることができない。だれとも約束していないからである。そして第二に、主権者が各人を侵害することも論理的にありえない。契約により、主権者が何をなそうとその行為の本人は契約した各人なのである。自分が自分を侵害することはありえない。[*8] というわけで、主権者の決定を不当とする権利はもうだれにもない。契約した以上、従わない者は必然的に不正となるのである。かくて鉄壁の正義が始まる――。みごとなシミュレーションだ。

しかし――ひとつ気になることがある。それは、この社会契約もまた約束だということだ。どんな約束も国家が設立されるまでは無効なのだった。ならば、その国家を設立する約束、これはどうして有効なのだろう。だってそうでしょう。社会契約が結ばれるまでは国家は存在していないのだから、この契約が有効になる条件はまだ存在していない……はずではないか。

なんだか微妙な話になってきそうである。考えてみると、ホッブズの自然状態は本質的に「囚人のジレンマ」なのである。だったら、いくらそうするのがいいとだれもがわかっていても、やっぱり自己防衛に関わる自然権の放棄にだれも踏み切ることはできない……ということにまたもやならないだろうか。要するに、自然状態から国家状態に移行してみせるホッブズの鉄壁のシミュレーションには、どこかに深刻なバグが潜んでいるのではあるまいか。

第十六章
約束という暴力

先を続けよう。

だれもが自分のために何をしてもよいというふうになっていたら、約束はあてにならず、とても安心して生きてゆけない。ならば先手を打って出し抜くか滅ぼすかだ……というふうにみなが考えるだろうとみなが考える。相互暴力におびえる「万人の万人に対する戦争」状態である。これでは共倒れなので、結局、勝手を許さない共通の強大な力、法を宣言する主権者が必要になる。これこそがホッブズが明らかにした、およそ約束なるものが無効にならないための条件であった。「信約の有効性は人々にそれを守らせるのに十分な国家権力の設立とともにしか始まらない」と彼が言っているとおりである。*1 そこでこの条件を互いの約束、すなわち社会契約によって作り出す。――というところまで来たのだが、問題はそこである。もしそうなら、いいですか、ホッブズは約束が有効になる条件を、まさにその条件で有効となる約束で作りだす、と言っていることになる。すると、契約が有効であるための国家を設立するための契約が有効となるための国家を設立するための契約が有効であるための国家を……というループになって、シミュレーションは暴走してしまうはずだ。

自己有効化する契約

そうならないためには、社会契約は自己有効化する何か特別な契約でなければならない。自分を含むすべての約束を有効にする特別な約束。そんな魔法みたいなことが可能だろうか。

簡単だとおっしゃるかもしれない。権利の移動は契約締結とともに生じる。社会契約でも、各人の自然権は契約が締結されたそのときに主権者に移動する。これが国家の設立である。だったら契約を有効化する条件、つまり国家は契約の締結と同時に生じるわけで、ループにならない。契約は結ばれることで同時に有効になっている。

なるほど、と納得しそうになるが、ホッブズの自然状態論はそんなに甘くない。すでに見たように、ホッブズのラジカルさは「内面の法廷」と「外面の法廷」のギャップを露呈させるところに存するのだった。たしかに守らなくてよい約束は約束と言わない。約束は守るべきもののことである。それはそうだが、しかしだからといって本当に守るべきかどうかは別問題である。同様に、契約とともに権利が移動するというのはそのとおりだが、それは、「もしそれが本当に有効な契約ならば」という前提の上で言えることである。相互不信のさなかでそれが言えるか。いま問われているのはまさにそのことである。

実際、ホッブズも権利移動が同時だからという説明をしている様子はない。というか、驚くべきことにホッブズには、この自己有効化的な特別の契約について、そんなものがどうして可能なのか、どこが他の契約と違うのか、まともに論じている箇所がないのである。このこと自体意味深長だが、問題はむしろ、この不在をいったい何が埋めているのか、ということだ。

国家設立集会に参加する

思い出そう。ホッブズがやっているのはみな仮言推論によるシミュレーションである。が、この場合ただのシミュレーションではなく、われわれのひとりひとりを仮想的な登場人物として巻き込むいわばロールプレイイングゲームになっているところがミソだ。ホッブズの秘密はそこにある。『リヴァイアサン』は国家の設立可能性を証明するかわりに、その特別な契約が結ばれる仮想的な国家設立集会の場面にわれわれを導き入れ、そこでわれわれに計算させる。ちょっと長くなるが、パラフレーズしながら引用しよう。[*2] こんなふうである。

――「大人数の群集」が集会し、各人同士のあいだで次のように契約する。すなわち、「多数決によって自分たちすべての人格を代表する（つまり自分たちの代表者となる）権利がいかなる人または合議体に与えられるにしても、各人は、それに賛成投票した者も反対投票した者も、相互に平和に生活し他の人間たちの手から守ってもらうために、等しくその人または合議体の行為や判断をすべて自分自身のものであるかのように権威づける」――そんなふうな契約がたがいのあいだで取り交わされるとき、国家は設立されたと言われる。あとは投票がなされ、結果が出るだけだ。そうなると、もはや勝手は許されない。

多数派が同意票によって一個の主権者を宣言してしまったのだから、同意しなかった者も今となっては自分以外の残りの者に同意しなければならない。すなわちその主権者のなすであろう一切の行為を承認するのに甘んじなければならないのである。さもなくば残りの者によって正当にも滅ぼされねばならない。なぜならもし集まってきた人々の集会の中に彼が意志的に入ってきたのなら、彼はそのことによって、多数派の定めることは支持するという自分の意志を十分に宣言した（したがってそうするよう暗黙のうちに信約をむすんだ）ことになるからである。

相互契約という形式だけ見ているとわからない何かがここで起こっている。相手はひょっとすると裏切るかもしれず自分だけ守ると馬鹿を見る、とみなが計算するだろうとみなが計算するので、怖くてだれも守れない。これが契約一般を無効にする自然状態の「囚人のジレンマ」だった。ところがいまや事態は一変している。相手はひょっとすると守ってしまうかもしれず、裏切るとみんなに滅ぼされてしまう——とだれもが計算し、かつ、みながそう計算するだろうと計算するので、今度はだれも裏切れない。状況はまったく反転しているのである。この反転の秘密は、社会契約は形式としては各人のあいだの一対一の契約なのに、契約の相手は合わせると圧倒的な数になってしまう、という構造にある。社会契約はプレイヤー各人に、「残りの者」全員を相手にする計算を強いる。裏切りは自分以外の者の圧倒的な全体を敵に回すかもしれない最悪の選択になるのである。

そこで各人は、結局この契約を守る選択をするだろう。自然状態のプレイヤーたちが相互信頼に目覚めたからではない。他のプレイヤーたちを横目に見ながら各人がおこなう自己保存の計算がそうさせるのである。で、相手が守る契約なら、もちろん有効な契約であると言わねばならない。——ほら、社会契約は自己有効化する特別な契約になっている!

ホッブズは自然状態からの移行を証明しているわけではない。仮想された設立集会(これってもう「社会」じゃないだろうか?)で各人にロールプレイさせ、いわば無言のうちに契約の有効性を認めさせるのである。認めない?　じゃあ滅ぼされていいわけ?……なんていうやり方だろう。

シミュレーションと現実

こうして、われわれは否が応でも社会契約を結ぶことになってしまう。すべては計算だ。仮に国家が存在せず各人が自然権を保持していたら、相互暴力で自滅することになる。それを回避したいなら社会契約を結ぶしかない。そして、いったん社会契約を結んだなら、もちろんそれを守らねばならない。さもないとなんじは正当にも滅ぼされるであろう。こうして強大なリヴァイアサン、国家が発生する。

でも、これって全部フィクションでしょう。そうである。そのことはホッブズがだれよりも知っている。しかしただのフィクションではない。ホッブズにとって、これは現実そのもののシミュレーションなのである。前にお話ししたように、彼の哲学は「もし……」という仮言推論で対象を疑似発生させるプロセス的理解を旨としていた。たとえば円という図形が何であるかは「それが作られえたであろうような方法」、つまり作図法によって知られる。現実の図形がその仕方でできたかどうかはどうでもよい。国家の説明も同じで、国家が事実どのように発生したかではなく、それが作られえたであろうようなシミュレーションが理解を与える。だからホッブズにとって現実は、われわれがそれを作りえたであろうというフィクションとして以外、そもそも理解できるはずがないのである。

こうしてわれわれは、あたかも契約があったかのごとき現実の中に置かれる。何だか気持ちが悪いが、ホッブズ的にはそうなる。前章で「意志がなかったとは言わせない」というホッブズの論理を見たが、あれとよく似た雰囲気だ。とにかく行為がなされたなら、それをリリースした考量の最後の欲求ないし恐れ、つまり「意志」が、必然的にあったことになる。ホッブズの場合、意志は本人の意識に現前する何かではなくて、行為がなされたそのときから、さかのぼってその人のうちにあったことになる事後的構成物なのだった。「哲学」は証言しか当てにできない事実には関わらない。仮言推論の必然的な帰結だけに関わる。おそらくホッブズは社会契約も同じように考えていて、いつどこでそんな契約があったのかということはまったく関知せず、とにかくそれは必然的にあったことになる、もう取り消せないのだ、と言っているように見える。

取り消し不可能

もう取り消せない。それはどんな論理だろうか。

一般的に言って、約束ないし信約は、相手がそれを本気にして約束どおりに履行するとき、まさにその時点で取り消し不可能になる。そうでしょう。たとえば駆け落ちしようなどとつい約束してしまって相手が本当に家を出てきたら、もうあれは口先だけだったではすまない。ホッブズはこんなふうに定式化している。

> ただ約束しただけの者も、すでに自分がそのために約束したところの益を受け取ってしまっている以上、あたかも権利が移動すべきだという意図を持っているかのごとくに解されねば

ならない。じっさいもし彼がそのように解されてもかまわないと思っていたのでなかったなら、相手方が先に履行するはずはなかっただろうから。[*3]

つまり他者の履行が約束を取り消し不可能にする、というのである。黙って履行を受けてしまったなら、もうそんなつもりはなかったとは言えない。私の約束の意図は履行を受けているというこの証拠にもとづいて——妙な言い方だが——あったことになりはじめる。言い逃れはもうできない。

ホッブズはこの約束の論理にしたがって、シミュレーションと現実を一挙に接続する。それは、『市民論』の彼の言葉でいうと「命の贈与」という論理である。あなたが追いはぎにあって、とでお金を引き渡しますから命だけは助けてくださいと約束したとしよう。この約束は守るべきか。ホッブズの答えは、守るべし、である。いくら強いられた約束でも、相手は、それなら殺さないでおこうと約束どおりに生かしてくれており、私は殺されずに生きている。だから、約束がなかったことにはもうできない。なぜなら「益がすでに受け取られておりかつ約束とその対象とが許されているならば信約は責務を課すということ、これは普遍的に真」だからである。そして、これは各人が相互への恐れから結ぶ社会契約でも同じ（！）なのだと。[*4] つまり、設立集会の存在事実がどうであれ、現実にあなたはもう自分以外の者たちの契約履行を受け取っている。[*5] 実際彼らは主権者の法に従うことで強大な力を一緒になって作りだし、本当なら自然状態で滅びていておかしくないあなたの命を保護してくれている。だから、いまさらそんな契約はした覚えがないとしらばっくれることは許されない。否認するなら残りの者たちによって正当にも滅ぼされるであろう――。

命の贈与を受けてしまっている現実が、取り消し不可能な契約を事後的に確立する……。これがホッブズの論理である。こうしてフィクションと現実はだんだん見分けがつかなくなってくる。ホッブズは言っていた。「国家の原初設立の記憶」が薄れても、もう保護を受けてきてしまったのだから、いまさら「どこに主権が存在するか知らないといっても言い訳にならない」[*6]。そんな約束が本当にあったのかという問いをホッブズは無効にするのである。約束は暴力である。いや、国家とはそういう暴力としての約束である。ホッブズはおそらくそう考えていた。

第十七章
ふたたびホッブズとスピノザ

ホッブズによれば、われわれは本当なら各人の各人に対する戦争でとっくに死んでいるはずなのである。そうなっていないのは主権者への服従を互いに約束しているからだ。生きているなら約束していることになる。死にたくないならもう約束は取り消せない。これがホッブズの取り消し不可能という論理だった。

ホッブズの契約説は論理自体がある種の暴力として働いている。この章ではひとつの締めくくりとして、ホッブズ哲学のこうしたブラックな部分を見届けておくことにしよう。その上でスピノザにもう一度出てきてもらう。前にも言ったように、二人のことを君主擁護かデモクラシーかという対立で云々していてもあまり先へは進めない。彼らが生きたのはあらゆる権威が自明性を失ってしまった内乱と革命の時代である。スピノザはホッブズの引き受けた課題の大きさ、そしてその闇の深さがよくわかっていたはずだ。聖人とマキャベリが同居しているようなところがスピノザにはあると私は言った。[*1] たしかにスピノザはデモクラシーに親和的である。が、その意味は、ホッブズの闇を含み込むほどの大きな振り幅で見てゆかないとわからない。

ホッブズの暴力性

第十三章で言及した、あの『リヴァイアサン』冒頭部分を思い出そう。人間の技巧(art)は自然を模倣し、さまざまな自動機械を製作する。それと同様、技巧は人間を模倣して国家と呼ばれる偉大なリヴァイアサンを創造する。それは人間の信約によって作り出された「アーティフィシャルな人間」にほかならないとホッブズは言っていた。けれども変ではないか。自動機械の製作なら、どこかの工房で見学できる。しかし「偉大なリヴァイアサン」をそんなふうに制作している場面などだれも立ち会ったことはない。このアナロジーははじめから変なのである。

国家は人間が自ら作る。たしかにそれはとても近代的な言い方だが、半分は嘘だ。作るという、そのこと自体が虚構なのである。ホッブズの論理がどこか暴力的なのは、国家を自分たちが作ったことにしてしまうという、いわば人為そのものの人為的虚構のためである。事実がどうであれ、暴力とその回避としての約束が起源にあったことにしてしまうこと。そして、われわれが生きているという現実を約束による命の贈与の事後として構成すること。これがホッブズのやろうとしていることである。

そのことはホッブズが「設立による国家」と必ずセットにして出してくる「獲得による国家」の議論を見ればもっとはっきりする。「獲得による国家」とは、一族郎党が子孫の繁殖と戦争による奴隷獲得を通じて次第に膨れあがり、ついに強大な力を有するに到った国家のことである。強者は弱者に対し、助命と引き換えに服従の約束を強いてかまわないとホッブズは言う。そこで、子どもは親から遺棄されて死なないために、戦争の敗者は即座に殺されないために、命と引き換えの服従を約束する。というか、生かされている以上、親や勝者とそう契約したことになっている――。なぜこんな話をホッブズは挿入するのだろうか。事実がどうであれ、強いられた約束にもとづくという点で「設立による国家」と「獲得による国家」に本質的な違いはない。人は約束の事後の中に生きている。ホッブズはそう言いたいのである。[*2]

こんなふうに、ただ生きているというなまの事実が、命の贈与を受けてしまっている事後として構成され、約束はあったことになる。約束を履行しない者は正当にも死へと遺棄されるであろう。そのように本人の「意志」にもとづいて生きさせ死なせる「正当な」力、それがホッブズのいう国家である。

スピノザ、事物の現在へ

たしかに「正当」かもしれない。けれど、それは力であるかぎり、いまこの現実に存在し、人々に何かをさせているリアルな何かのはずだ。そのリアルな力はどこから生じ、どこから来ているのか？

ホッブズはこういうことにはほとんど触れてくれない。それはそうで、ホッブズが語るのは仮定から虚構的な事後を導く推論の真理、つまり「言表の必然」としての真理であって、「事物の必然」ではない。ホッブズの言葉で言えば、「真理は語りに存するのであって、語られている事物に存するのではない」のである。[*3] 不思議といえば不思議だが、これだけ原初の暴力を匂わせながら、それを回避させているはずの国家の見えない力の出所についてホッブズは何も語らずパスする。彼の論理が妙に暴力的なのはそのためかもしれない。

スピノザが違うのはそこである。ホッブズが事後の中に服従義務を打ち立てる〈取り消し不可能の哲学〉なら、スピノザは〈リアルタイムの事物の哲学〉である。スピノザは、現実はどこもかしこもすべて真理でできている、それはそっくりそのまま〝自然〟という名の神なのだと考えていた。[*4] すべてはこの今に必然的に存在していて、その他には何もない。スピノザがかかわり合うのは言表の必然ではなく事物の必然だけだ。ホッブズと反対にスピノザは「計算すなわち論理」に興味を示さない。真理は人間の推論計算の中にではなく、現実に存在する事物のうちにあるからである。そして、もちろん、国家も事物にほかならない。

スピノザの『政治論』が異色なのは、国家を人為としてではなく、事物の必然として考えようとしているからだ。スピノザは国家、彼の言葉で〝インペリウム〟（imperium 統治の最高命令権）

をこんなふうに定義している。

人間たちが共同の法を有し、全員があたかも一つの精神によってであるかのように導かれる場合、成員のひとりひとりは、彼を除く残りの者たちが全体として彼を力能のうえで凌駕するその分、自分の保有する権利が少なくなるということ——これは確実である（本章の第十三節より）。いいかえれば、ひとりひとりは事実上、共同の権利が容認してくれる以外のいかなる権利も自然に対して持たない。さらに、共同の合意にもとづいて命令されることは何でも実行するよう拘束され、あるいは（本章の第四節より）そうするよう権利をもって強いられる。[*5]

そして「群集の力能（multitudinis potentia）によって定義されるこのような権利」、これがふつう〝インペリウム〟と呼ばれているものだというのである。[*6]

「群集の力能」というと、何か権力に抗する民衆の力みたいなものを考えてしまう人がいるが、間違いである。それは法に導かれる集団にそなわった、成員ひとりひとりを凌駕し圧倒する力能のことだ。そしてその力は、まさに各人がそんなふうに圧倒されて法に服従するその行為の総和から生じている！　スピノザはこの循環的に生じている力を、国家、〝インペリウム〟と言っているのである。

この力は純粋に、衝動によって決定される各人のふるまいの集団的効果として生じる。みんなが自分以外の者たちは法に従うであろうと先取り的に想像し、その力への恐れや期待から服従へと決定される。するとまさにそうやって恐れあるいは期待されていた力は現実のものとなって新たに恐れと期待を裏付け……というふうないわば産出的な循環である。決定しているのは各人の衝動だが、結果を総体として実現し各人へと返すのは「群集」という固有の事物である。「あたかも一つの精神によってのように導かれる群集」だ。衝動はスピノザが人間の現実的本質と言っていた自己保存の力、つまり「神ないし自然」の一部になっている人間身体の真理のことである。精神は自分の外にいて自分に何ができているか知らないというあの話を思い出していただきたい。[*7] われわれは自分が身体の真理であることを知らず、身体たちが共同してどんな力を作り出し、どんなふうにわれわれ各人にその力を及ぼしているか知らない。さっき言った循環はわれわれの知らない外、「群集」の中で起こっている。それは「群集の力能」という事物の必然に属する事柄なのである。

ちなみに、各人のまわりに遍在するこの「残りの者たち」の力、これはホッブズのあの国家設立集会で有無をいわせぬ力のプレゼンスとして登場していたものにほかならない。もうおわかりでしょう。スピノザはホッブズが隠蔽していたあの契約説の循環を、現実の産出的な循環に変容させているのである。本当のところ、この力を先取りしないことにはどんな契約も有効にはならない。スピノザは力が契約によって存在し始めるとは考えなかった。逆であって、契約があったことになるのはいつもこの力が各人に及んでいる場合、その場合に限るのである。

正義とデモクラシー

この違いは大きい。前に言ったように、二人はモラルへの耐性という点で共通する。国家なきところ正も不正もない。正と不正は国家が決定する。そこは同じだが、しかしそのあとが違ってくる。

ホッブズの場合、設立された主権者を拘束するものは何もない。各人相互の契約によって彼ら全員の上に立てられ、彼らのだれをも超越するのだから当然である。おまけに主権者は各人がオーソライズする代理にすぎないので、何を命じようと論理的に不正にならない。契約上、主権者が正しいと言うことが正しく、不正と言うことが不正なのである。いいのだろうかと不安になるが、法というものが存在するには体制としてそういう至高の審級がなければならない。われわれの主権国家だってそうなのである。

けれどもしそうなら、国家はもはや過ちを犯すとさえ言えなくなるのではないか？　もちろん言えないとホッブズは答えるだろう。まさに、そういうことが言えないような不可侵の命令権の概念を、神だの伝統だのを持ち出さずに推論的理性だけで定義すること、これがホッブズ・プロジェクトだった。

スピノザも半分はホッブズに同意する。国家は、いいですよ、あなたには自分の好き勝手にする権利をまるまる認めましょうというわけには絶対にゆかない。それゆえ命令権は統治をつかさどる者の手に一分の割譲もなく絶対的に掌握される。しかし半分はホッブズにノンと言う。なぜなら命令権が現実に何をなしうるかは統治権掌握者の意志によってではなく、「群集の力能」によって定義されるからである。ここでスピノザが導入する差異は決定的だ。いわく、なるほど各人の「自然権」（Jus naturale 自然的な権利）は「国家の制度にもとづいて」必然的に消滅するが、各人の「自然の権利」（Jus Naturae 自然本性が有している法則としての権利）のほうは国家状態でも消滅しない。自然状態であろうと国家状態であろうと、人間はいずれにせよ自分の本性の諸法則にもとづいて行為し・自分の利害を気遣う。それが身体の真理として及ぶところまで及ぶ自然の権利である。[*8] そして、群集の各人がそんなふうに期待や恐れから服従へ決定されなければ、至高の命令権といえども何の力もない。

こうしてスピノザは、国家主権に内在する解消不可能なギャップを明らかにする。制度からすればインペリウムは拘束なき至高の命令権でなければならない。と同時に事物の自然からすればそれは群集の力能の法則のもとにあり、場合によっては自滅に追いやられることもある。スピノザはそういうケースとして、大多数の人々の義憤を引き起こすような非道を最高権力がしでかす場合を上げている。そんなことをすれば国家への人々の恐れと畏敬は敵対に転化し、国家は自分の権利のもとにはいられなくなる。早晩、人々は国家の形態を暴力でもって変えてしまうであろう。[*9]

人間の歴史はそういう試練を繰り返してきた。だからこそ「正義をなせ」という敬虔の教えには、統治する者もされる者もだれひとり指一本触れることができなかった。そうスピノザは考えている。[*10]いいでしょうか。そうさせないのは人間たちの心の正しさではない。群集の力能の「戦争権」[*11]、こう言ってよければ、自然という名の神的な暴力がそうさせないのである。

スピノザの『政治論』は、こうした暴力を遅延し回避させるあらゆる「術策」(ars)の制度化の理論として読める。政務に携わる者たちが意に反してでも正しいことをなさざるをえなくなる仕組み、市民たちが強制でなく自分の意向でそうしていると思えるような仕組み。そうしたありったけの術策・技巧を整備する。すると、あら不思議、結局それは民主的な国家に限りなく似てくる。[*12]正義とデモクラシーとはそういうものだ。そういえば、かのアルチュセールはどこかでイデオロギーは永遠であると言っていた。彼はきっとスピノザのことを念頭においていたに違いない。[*13]

Ⅳ部
ライプニッツ

世界の理由は隠れている

第十八章

ライプニッツ、あるいは世界の修復

十七世紀は世界の底が抜け、哲学の底が抜けた時代であった。われわれはデカルト、スピノザ、ホッブズという哲学者たちを見てきたのだが、たしかに彼らとともに何か法外なことが起こっている。それまでは、世界は切れ目のないひとつのつながりのなかで完結してるように見えていた。神―天使―人間―動物―植物―鉱物……みたいに。「存在の大いなる連鎖」(The Great Chain of Being アーサー・ラヴジョイの本のタイトル)ってやつである。ところが、デカルト、スピノザ、ホッブズの三人はそれぞれの仕方でそこに致命的な切断を加え、底なしの崖っぷちを出現させる。ぎりぎりまで行くと、その先がない、という無限の奈落である。科学史の方では「閉じた世界から無限宇宙へ」*1とよく言われるが、それだけではない。宇宙像だけでなく、哲学的思考が依拠していた自明性の底が抜けたのである。

本章はこの大変動の痕を振り返ってみる。そして、そういう野放図な時代の終わりにやってくる一人の哲学者へと目を向けよう。ゴットフリート・ヴィルヘルム・ライプニッツ（一六四六―一七一六年）である。十七世紀近世の終焉を見届けるには、やはりライプニッツに出てきてもらわなければならない。

ライプニッツはいろんな意味で「遅れてきた青年」という感じがする。オランダやイングランドと違って、彼の祖国ドイツはまだ三十年戦争の疲弊から立ち直ってはいない。このあと追々見てゆくように、彼は生涯、あらゆる意味での秩序の回復、あらゆる意味での調和と統一を願い続けた。彼は、ひとことでいうと〈修復の哲学者〉なのである。ライプニッツが不思議なのは、彼自身改革と進歩のためのさまざまなプランや最新のアイデアで頭が一杯なのに、なぜか妙に古くさく「反動的」に見えることだ。このパラドックスを理解するためには、先立つあの三人のいわば哲学的狼藉と、それが「存在の大いなる連鎖」にもたらしたダメージの甚大さを、あらためて認識しておく必要がある。

デカルトの切断

ひょっとすると、デカルトによる切断が一番深刻かもしれない。彼は自明さのすべてを疑ってみると宣言する。私は何かに欺かれていて、実は自分の身体も含めて世界は存在していないのかもしれない。それはありうる。けれどもそう想定している「私」の存在はどうやっても否定できない。たとえ世界やその一部である身体が実は存在していないとしても、そう考えている私は何ものかであり続ける。これはつまり一方は他方なしに存在しうる、ということだ。それゆえ身体を含む世界と「私」とは、それぞれ別個の存在（実体）である。——これはふつう言われているような心身（物心）二元論で片付くものではない。むしろ、世界（だと私が思っているもの）と私との結びつきは何の必然性もない、「一方は他方なしに」と言われるように存在論的にはまったく無関係だ、という主張なのである。もちろんデカルトはわれわれが現に身体と緊密に結びついて一体となっている事実を認める。けれどもそれは全能の神がわれわれの知らない力でなぜか結びつけているからたまたまそうなっているだけで、もし神が欲するならいつでも結びつきは解かれ、別々に存在しうる。だからこそ、身体や物体世界がどうなっていようと、私が現実に「この私」であることには関係ないと言える。デカルトが「精神」と名づけているのはそういうものである。*2

こうして「私」と外にある世界とのあいだに深い亀裂が走り、底なしの深淵が開く。二つが結びついているのはまったく偶然で、ほとんど奇蹟なのである。だからその結びつきのところに位置する身体は、生きられる私の身体なのか、ただの自動機械の一種なのか、永遠に曖昧でありつづける。第五章で見たように、デカルトは誠実な神が精神と身体、内面と外部世界をとりあえず結びつけてくれていると考えた。けれどもその神たるや、デカルトの表現を借りれば「法外で理解不可能」な無限者なのである。*3 神にできないことはない……たとえわれわれに理解不能でも。こんなふうに言うことは、とりあえずの結びつきのところで人間存在が不可解な裂け目そのものになって底が抜けていると認めることに等しい。ライプニッツはこの裂け目を修復しなければならない。

スピノザの切断

スピノザの切断は現実と可能のあいだに加えられる。

それまで世界はああもこうも可能であるということと緩やかに連続していた。ルビコン川を前にカエサルは渡るか渡らないか思案する。渡るも渡らないも可能に見える。だから思案する。そんなふうに世界はどの時点でも多くの可能性に満ち、現実は可能的なものの広がりとつながりをもっているように見える。ところがスピノザはこの結びつきを見事に切断してしまった。スピノザにとって「可能」とか「偶然」は、現実が必然だということを知らないところから生じるわれわれの幻想にすぎない。現実にカエサルは渡った。でも渡らないこともありえただろう、とわれわれは言う。けれど、もし可能だったのなら、どうしてそうならなかったのか。どうしてカエサルは渡ったのか。スピノザの答えは簡単である。そうならなかったのは、それが不可能だったからだ。つまり、形而上学的に言って、そんな可能性はあのとき微塵たりとも存在していなかったからだ。次は定理である。

事物は現に産み出されているのと異なったいかなる他の仕方、いかなる他の秩序でも神から産出されることができなかった。*4

現実はつねにひとつに決まる。各人の決断で決まるのではない。反対に、人間たちの無数の決断が「神ないし自然」という名のたったひとつの現実のなかで、神の「様態」として必然的に産み出される。それが、現実はつねにひとつに決まるということだとスピノザは考えていた。それ以外に現実は存在しない。

存在するものは必然だから存在するのであり、存在しないものは不可能だから存在しない。そして現実とは、現実に存在するもののすべて、絶対に無限な「神」である。こうして現実と可能との緩やかなつながりは切断され、必然の無限の深淵が口を開く。こんなに深い裂開はほかにないかもしれない（いずれ見るように、ライプニッツはこれを「崖っぷち」と呼んでいた）。ライプニッツはこの裂開を修復しなければならない。

ホッブズの切断

ホッブズの切断はJusの分裂に関わっている。ユスと発音するこのラテン語はなかなか訳しにくい言葉で、「法」とも「権利」ともとれる。もともと〝ユス〟はそれが合わさった「正しいこと」というふうな意味を持っていた。つまり、あなたに正当な権利があるのは法に従ってそれが正しいとされるから、なのである。権利要求は正しい法を要求することだ。法を離れて権利はない。それで〝ユス〟というと両方の意味が重なる。こういうローマ法以来の語法は今日でも残っていて、ドイツ語の Recht、フランス語の droit はいずれも「権利」を意味すると同時に、法学部などというときの「法」をも意味する。ところが英語では、なぜか「法」は law、「権利」は right なのですね。ホッブズのせいかどうか知らないけれど、たしかにこの二つのつながりを切断したのはホッブズである。

この問題について論じる人々はよく〝権利〟と〝法〟とを混同しているが、これらは区別されるべきである。〝権利〟（Right）は、行いまたは行わないことの自由に存し、反対に〝法〟（Law）は、それらのうちの一方に決定し拘束するものなのである。したがって、法と権利は、義務と自由のように異なる。*5

こういう切断のうえにホッブズの哲学は成り立っている。〝自然法〟（Law of Nature）はなるほど「約束は守るべきである」みたいな内面の掟を定めている。けれども、だれもが自己を保存するために何をしてもよい自由、すなわち〝自然権〟（natural Right）をもっている自然状態では、そうした自然法に従う義務は必ずしもない。というか、むしろ、そんな自然状態で約束を守ることは、敵に我が身を引き渡すのと変わらない。そこで、みなが自然権を放棄して、選ばれた第三者に譲渡する契約を結ぶことが要請される。いったんこの譲渡が行われると、ひとり無制約の権利を享受する主権者の法のみが正しいことになり、それに反する行いはすべて不正ということになる。

こんなふうにホッブズはそれまで両義的なひろがりをもっていた「ユス」をまっぷたつに切断する。「正しいこと」は何をしてもよい権利と一方的に義務づける法とに分裂し、何にも制限されない至高の主権という奈落の裂け目が現われる。われわれにいわば無理やり命を贈与してくれる地上の神、大海獣リヴァイアサンは、この裂け目に生息する〈底なし〉につけられた別名である。たしかにホッブズは内乱のもととなっている「半人半獣」の偽りの正義の女神を一掃しようとした。けれどこれでは、正義の女神自身の殺害になってしまっているのではないかと心配である。ライプニッツはこの裂け目をもまた修復しなければならない。

ライプニッツと二つの迷宮

あらためてライプニッツを紹介しておこう。彼は微積分計算の発見で知られる。のみならず論理学、法学、神学、自然学、歴史学等々のあらゆる分野でめざましい仕事をした。そして時の有権者に（悪く言うと）取り入りながら、人類の福祉と社会の利益のためにさまざまの改革案を実現しようとした。宮廷顧問官として、分裂したキリスト教世界の統一を政治的な場面で画策してもいる。それで彼は「十七世紀の万能人」などと称される。けれどもその飽くなき情熱は、彼の哲学が世界の修復プロジェクトだということをふまえてはじめて理解できる。彼の眼には、デカルト、スピノザ、ホッブズという先人たちの哲学的狼藉は目に余るものであった。彼らは「存在の大いなる連鎖」のあちこちに切断を加え、裂け目から不可解な底なしの無限がのぞきはじめていた。要するに、十七世紀はあちこちで底が抜けて、全体としてなんだかわからない世界になっていたのである。なんとかこれを修復しなければならない。

ライプニッツは「可能の哲学」である。不可能だとか必然だとかいったものがもたらすこれらの切断、裂け目を修復するには、多様な組み合わせがいくらでも作れる可能なものたちの王国を打ち立てるほかない。そうライプニッツは考えていたのだと私は思う。リアルなのは可能なものだけで、可能なものは無限にある。ある組み合わせが他の組み合わせを排除するということはあっても、それで切断や裂け目が生じるわけではない。どの組み合わせもそれ自体は同じように可能で、いわば可能領域の中でシームレスにつながっている。「現実」はしたがって、どこにも裂け目のない可能の無限の布地から仕立て直さなければならない。

彼の哲学が探査する領域を、ライプニッツは「迷宮」としてイメージしていた。円形をした迷宮（ラビリンス）は迷路（メイズ）と違って、路は途中で分裂したり切断されたりしない。ただ一本の路をたどってゆけば中心部に到達し、順次引き返して脱出できるはずである。ただその一本線が脳の褶曲のように恐ろしく複雑に折れ曲がり畳み込まれて内部を埋め尽くしているので、途方に暮れるほど複雑になっている。ライプニッツはそんな迷宮として二つをあげていた。

一つは、とりわけ悪が生じることと悪の起源における〝自由なものと必然的なもの〟という大問題にかかわり、もう一つは〝連続性〟ならびにその連続性の要素と考えられる〝不可分体〟についての議論に見られる。*6

自由と必然の迷宮、そして連続体合成の迷宮である。一見関連が見えない二つの迷宮は、また恐ろしく複雑なひとつの線でつながっている。それはこのあと見てゆくことにして、今はどこまでたどっても崖っぷちや裂開のない可能だけの広がりをイメージしておこう。

第十九章
スピノザの崖っぷちから引き返す

ライプニッツの書いたものを読んでいると、デカルトやホッブズ、スピノザといった十七世紀のそれまでの哲学とはがらりと風景が変わっている印象を受ける。神は予見しているかだとか、どうして悪が存在しているのか、とか、なぜ何もないのでなくこの世界があるのか、とか、魂の不死性とか、まあ神学論議っぽいごちゃごちゃした話が多い。形而上学のことを「自然神学」と言い換えてもいる。

近世哲学のパイオニアたちはそういう話を無用にしたはずだった。デカルトは自分は神学には決して立ち入らないと宣言していたし、ホッブズはほとんど無神論的唯物論、スピノザはあのとおり幾何学的証明で神を構成してしまう。彼らは神と人間のために何かを弁じる必要を感じなかった。理性の光のなかでそうしたごちゃごちゃは一掃されたはずだった。なのにライプニッツの目の前にあるのは、あの二つの迷宮、人が踏み迷う迷宮なのである。なぜそういうすっきりしないところに分け入ろうとするのか。

そりゃライプニッツは反動でドイツは後進だから、などと言うのは失礼である。ライプニッツは、問題は解決されたどころかさらに深刻化していると見ていた。まずはあの二つの迷宮のうち、「悪が生じることと悪の起源における〝自由なものと必然的なもの〟という大問題」にかかわる迷宮について、ライプニッツがなぜそんなものを相手にしようとしているのかを見てゆきたい。

先に言っておくと、おそらくライプニッツには迷宮が必要なのである。それはこの迷宮そのものを蒸発させてしまう恐るべき哲学、スピノザの哲学への抵抗でもあった。スピノザはご承知のとおり必然の哲学である。ライプニッツはそこにすべてが終わってしまう「崖っぷち」を見ていた。ぎりぎりのところで必然主義から引き返すこと。これがこの章のテーマである。

なぜ反スピノザか

ライプニッツは当初、スピノザ哲学に魅せられていたふしがある。彼は論理や数学のような必然性を哲学にも求めていたので不思議ではない。スピノザのもとを訪れたのもそのためであろう。彼はこんなふうに述懐している。

私はそういうわけで、すべては絶対的に必然的なものであるとする者たちの考え方からあまり遠くなかった。彼らは、自由はたとえ必然のもとにあっても強制でさえなければよいとし、間違いなく起こること、言い換えると確実に知られ真であるようなものを、必然的なものから区別しない。けれども私は、現にあらず、これからあることもなく、またかつてあったこともないような諸々の可能なるものを考察することによって、この崖っぷちから引き返したのである。[*1]

〈可能なるもの〉の考察が、すんでのところでスピノザの必然主義の奈落に落ちるところを救ってくれたというのである。

これを機械的決定論に対する自由意志の擁護といったよくある問題と取り違えてはならない。それはお門違いである。いずれ見るようにライプニッツは物理法則による因果的決定系列を否定しない。むしろそういうところから外れる「無差別の自由」には批判的である。相手は決定論なんかではない。必然主義なのである。また神と世界の混同、いわゆる汎神論の拒否が第一の論点だというわけでもない。実際、「自然神学」という言い方からして、ライプニッツには世界の調和を神性と同一視するところがある。ほら、だから無神論者の評判高いスピノザと差別化したかったのでしょうと言えなくもないが、それでは何もわかったことにならない。

ライプニッツが崖っぷちに見た深淵は底なしの無意味ということではなかったか。私にはそう思える。スピノザは存在に関わる様相として必然と不可能しか認めていなかった。何かが存在するのは必然だから存在するのであり、存在しないならそれは不可能だから存在しない。ところでライプニッツによれば必然的なものは結局A＝Aのような同一性に行き着く。数学や論理学の証明はこの等号に行き着くのである。そしてその先は、もはや何もない。[*2] しかし、もしすべてがこういう「絶対的必然」であったならいったいどうなるのか。神が存在するのはそうなっているからである。ビルが倒壊するのはそうなっているからである。雪が白いのはそうなっているからである。——こんなトートロジーだけで全存在ができているとしたら、何も言っていないのと同然、というか、何か言ってはいるのだがそんなふうに言うことの意味がまったく見えない。スピノザの必然主義は、あらゆる意味の意味を消失させるのである。

実際、スピノザが言うように「神ないし自然」は原理も目的もなく存在し、意志も知性もなく、予見も記憶もなく、生み出されるものへのいかなる配慮もない。カエサルがルビコン川を渡るのはそうなっているからであり、カエサルが暗殺されるのはそうなっているからである。おしまい。これは恐るべき無意味の世界ではないか。

ライプニッツはこんな言い方はしていないが、次を見るとそう外れてはいないと思う。

スピノザは事物の造り主に知性と意志を認めず、善と完全性はわれわれと関係するだけで神とは関係ないと考え、そうやってどうやらあからさまに盲目的必然性を説いたように思われる。〔……〕われわれはかくも悪質で、実際かくも説明不能な見解をここで反駁しようとは思わない。われわれの見解は可能なるもの――すなわち矛盾を含まない事物――の本性に基づく。*3

いるのである。

「盲目的必然性」という言葉は無意味の深淵を指し示しているのでないなら何であろう。ライプニッツはスピノザ哲学の誤りを指摘しているのではない。スピノザの必然主義は「かくも説明不能な見解」、つまりそれを受け入れてしまったらすべてが終わってしまうような見解だと言って

実際、われわれはスピノザの『エチカ』が幾何学的証明を進めながら、それまで人が踏み迷っていた神学論議を根こそぎ偽問題として消滅させていくのを見ることができる。いわく、人間たちはすべての自然物が自分と同じく目的のために働いていると想定し、神自身がすべてをある一定の目的で導いていると信じている。そこから善と悪、功績と罪、賞賛と非難、秩序と混乱、美と醜といった偏見が出てくる。なぜ神は悪や罪、混乱や醜の存在を許したのか？　なぜもへったくれもない。産出的自然は何の目的も立てはしない。問いは無意味なのである。*4

スピノザの必然主義は迷宮に分け入る前に、迷宮そのものを跡形もなく蒸発させる。なぜ？という問いは答えられる前に無意味化される。すべてのものに意味があるという探究の前提そのものがそっくり無化され、無意味の深淵が口を開く。ライプニッツはきっとその深淵を見てし

まったのである。

正しく迷宮に分け入ること

そんなのは解決ではないとライプニッツは思ったに違いない。それゆえ、スピノザの必然主義に抗してすべてをやり直さなければならない。迷宮は破壊するのでなく正しく分け入るべきものなのである。たとえば、神はすべてを知り、すべてを決定する。とすればなぜ神は人間が罪を犯すように決定したのか？　決定されているならなぜ人間に責任を問えるのか？　それに災厄は正しい人の上にもふりかかる。そんなふうになるとわかっていて神がそう定めたとしたら、そんな神がどうして「正しい」とか「よい」とか言えるのか？　しかしだからといって人間に非決定の自由があるとしたら、すべてを見通している神はどうなってしまうのか？——人はそんな迷宮に踏み迷ってきた。スピノザなら神は予見も決定もしない、三角形の本質から内角和が二直角であることが必然的に出て来るように、ただすべてが神の本性の必然性から必然的に出て来るだけだと言っておしまいにするだろう。しかしそれはすべての意味の意味を消滅させることである。それに抗して、あえてこの迷宮に分け入らなければならない。「神の善性、人間の自由、悪の起源」。これについてライプニッツは論じなければならない。

アリアドネの糸

しかしそれには「アリアドネの糸」が要る。迷宮に分け入る者は手にした糸玉の端を入り口の扉に結びつけ、踏査したのちにそれをたどって脱出できるようにしておかなければならない。それゆえ形而上学に関しては「迷宮における糸として、命題を確証するための特別な方法」が必要である。それはライプニッツによれば論理の規則にほかならない。[*5]

なぜ論理なのだろうか。それは論理だけが、求めるべき事柄の形而上学的な性質を探究に先立って決定してくれるからである。たとえば「2たす3は5である」という命題は結局左辺は右辺と同一であるという自同的命題に帰着する。このとき主語「2たす3」は述語「5である」を必然的に含んでいる。というのもその反対、「2たす3は5でない」は矛盾でしかないのだから。必然とはそういうことを言うのである。しかし「カエサルはルビコン川を渡る」という命題の場合、その反対は矛盾を含まない。「カエサルはルビコン川を渡らない」は論理的に可能である。言い換えると、主語「カエサル」が述語「ルビコン川を渡る」を必然的に含むわけではない。だからこういう事実命題は偶然命題であって数学のように必然的な仕方で決定できるわけではない。こんなことはごくふつうの論理でわかることだとライプニッツは言う。[*6] スピノザのように、渡ったのなら必然的に渡ったのだと言うのは事柄の性質を最初のところで間違っているのである。

こうして迷宮に分け入るさいの原理が与えられる。

二つの大原理がある。一つは理性の原理、すなわち自同的命題は真であり矛盾を含むものは偽であるということ。そしてもう一つは経験の原理、すなわちさまざまなものが私によって知覚されているということ、これである。[*7]

この原理にしたがって、事柄の真理は性質上、次の二つにわかれる。

真理にも二種類ある。理性の真理と事実の真理とである。理性の真理は必然的で、その反対は不可能である。事実の真理は偶然的で、その反対も可能である。[*8]

こうして論理的に可能なものの存在が意味の意味を回復させる。というのも、もしカエサルがルビコン川を渡ることが偶然的であって渡らないことも可能なら、どうして事実、カエサルは渡ったのか、その理由がなければならないからである。ライプニッツはこの、事実の意味の意味を「充足理由」と名づけていた。

充足理由律によってわれわれは、どんな事実も、それがなぜこのようであって別のようではないのかという十分な理由がなければ真であることはできないし存在もできない、またどんな命題も真実ではありえない、と考える。[*9]

カエサルが渡ったその理由は物理的な因果系列からはわからない。というのも、別な系列、カエサルが渡らなかったかもしれない因果系列も論理的には可能だからである。とすれば、その理由は機械論的決定論の外に求めなければならない。それは現実をこの世界であって他の世界でないようにした何ものか、すなわち世界の外に存在する神に求めるしかないだろう。

こうしてライプニッツは「論理的に可能なるもの」によって、危うくスピノザの崖っぷちから救われたのである。

第二十章

世界の奥行きを創出する

現実はただひとつ、この現実しかない。考えてみると不思議である。なぜよりにもよってこうなっていて、別なふうになっていないのか。あたりを見回し、来し方を記憶でたどりながら、われわれは呆然とすることがある。

この「なぜ」には二つの答え方がある。一つは、別なふうになっていないのはそれが不可能だからだ、というものである。すべては必然的で、これ以外ではありえない。なぜなら現実は神とその様態の必然的な存在そのものなのだから。これはスピノザの答えだった。ライプニッツは危惧を抱く。もしそうならすべては「神は神である」という同一性に帰着するであろう。現実がこんなふうで別なふうでないのは神が神だからである。私がいまこれを書いているというふうに現実がなっていてそうでないことになっていないのは神が神だからである。実際スピノザは言っていた。神は自分自身の原因であるのと同じ意味で万物の原因である。ものごとを産み出す神の力能は神の本質、つまり神が神であることと同一であると。[*1] しかしすべてがこんなA＝Aみたいな同一性に帰着するなら、それは「なぜ」に対して、すべてを終わらせる〈無意味〉をもって答えることではないか。ライプニッツは崖っぷちから引き返しながら、もう一つの答え方を求める。それは、現実は別なふうでありうるのになぜかこうなっている、それにはちゃんとした背後の理由（充足理由）がなければならない、というものだった。

必然主義のスピノザに抗する可能主義のライプニッツ。それは世界の意味の消滅をめぐる抵抗だったのだと私は思う。現実には無限の細部がある。そのすべての細部に意味があるなら、そうした意味を与える究極の理由、意味の意味がなければならない。ライプニッツが偉いのは、このことを宗教のありがたい教えとして述べるのではなく、世界の奥行きを形而上学的に創出し、現実そのものがそなえている構造として示そうとしたことだ。その構造、それはパースペクティブ（透視図法）という構造である。私の見るところ、ライプニッツ哲学の基本はパースペクティブの創出にある。そしてそれは正確に、スピノザにおけるあらゆるパースペクティブの消滅と対抗関係にある。奥行きの消滅とその創出。これがこの章のテーマである。

可能世界

カエサルはルビコン川を渡った、が、渡らないこともちろんありえたとわれわれは言う。それは、カエサルが渡らない世界は少なくとも不可能ではない、可能である、と言っているに等しい。こういうのを「可能世界」という。可能世界は今日の様相論になくてはならぬ道具立てになっている。それでライプニッツの言っていることを現代風に解釈することも多い。すなわち、「カエサルがルビコン川を渡る」が偶然的真理なのは、カエサルが渡らないような可能世界が少なくとも一つあるからである。反対に、「2たす3は5」という命題はそうならないような世界が一つもない。どの可能世界でもそうなっているので必然的真理。可能世界がいったい何なのかという点については諸説があるが、たとえば互いに矛盾しない真なる命題の極大集合みたいなものと考える。「渡る」と「渡らない」のようにどの可能世界も他の世界と相容れない命題（「渡る」と「渡らない」は両立しない）を少なくとも一つ持っており、そのことによって他の可能世界から区別される。

ベタな解釈

こんなふうに解釈すると、ライプニッツのいわゆる「最善世界選択」（これについてはあとでゆっくり）はたくさんの可能世界が並んでいるメニューからベストな世界を神が選ぶ、みたいなベタなものに見える。ライプニッツ自身そういうふうに読めるふうに書いているので無理もない。神は無数の可能世界の中からいちばん単純な法則のもとでいちばん内容的にリッチになる世界を選んでこれを実現した。それがわれわれの現実世界であるとライプニッツは言う。神が選んだこの世界ではアダムは必ず原罪を犯す。けれどもそれは、それしかないという必然ではない。なぜなら、罪を犯さないアダムの世界は実現されないだけで、やはり可能なものとしてメニューの中に残っているからである。それに、神は何もアダムに罪を犯させようと欲したわけではない。神は巨視的な観点から最善を選び、その結果がたまたまアダムの堕罪になる。神はほかにも選択肢があるのにこの世界を選んだのだから、その選択は必然ではなく深い思慮に基づく。アダムにしたって、ほかが不可能なので罪を犯すというわけではない。神の決定はアダムの堕罪を必然化するのではなく、ただそれへと傾けさせるだけ。だからこれは宿命論ではない。[*2]

ううむそうかなあ、と突っ込みたくなる。同時代人の批判者アルノーも疑問を呈していた。[*3] まず、アダムが無数の可能世界にわたって分散しているというのはどういうこと？ 「私」が無数の可能世界にわたって分散しているのは変でしょう。いや、それらはみなそれぞれ別のアダムなのだとライプニッツは答える。罪を犯すアダムと犯さないアダムは同じ人物ではない。というのもアダムの個体概念にはアダムに帰される一切の述語が含まれている（完足個体概念）。だから、罪を犯すアダムと犯さないアダムは含む述語が違うので、それぞれ別の世界に属する別な人物である。なるほど。でもそうすると、この世界のアダムは不可避的に罪を犯すしかないですね。このアダムはそれしかできない。犯さないアダムは別人なんだから。それってやっぱり宿命論じゃないですか？

ライプニッツとアルノーの論争は、別な可能世界のアダムはだれなのかという今日の議論[*4]を先取りしている。困難ははっきりしている。それは、アダムを同定する概念（ライプニッツの言う完足個体概念）がアダムに帰されうるすべての述語をベッタリ含み込んでいて、ほかの可能な述語をあらかじめ排除しているように見えるということだ。ライプニッツが別な可能性と言っているのは、別な可能世界の別な個体の話にすぎない。罪を犯さない可能性はこの世界のこのアダムの可能性ではないのである。

パースペクティブの創出

こういう論理主義的な解釈はしかし、ライプニッツの大切な部分を見逃していると思う。実をいうと、ライプニッツ自身はたいていのところで、必然的な真理と偶然的な真理の区別を違ったふうに解釈していた。あらゆる可能世界で2たす3は5なので必然的真理、ルビコンを渡らない可能世界が一つはあるので渡るのは偶然的真理。これがいまの解釈だった。ところがライプニッツは、主語がどんな述語を含むか分析してゆくときの終わらなさとして違いを考える。たとえば2たす3という主語は5という述語を含む。分析は有限ステップで自明の真理（打ち止めになる自同的真理つまり1＋1＋1＋1＋1＝1＋1＋1＋1＋1）にゆきつく。これは必然的真理の特徴である。ところが偶然的真理の場合はそうはいかない。

偶然的真理の場合は反対で、主語に述語が含まれてはいるのだが、主語から出発してその述語が証明されることは決してできず、ひとつの方程式すなわち自同性へと至ることは決してない。主語の分析は反対に無限に先へと伸びてゆくのである。*5

「ユダ」という主語には「イエスを裏切る」という述語が含まれている。けれどもその含まれ方は必然的真理の場合のように、ほら、というふうに直接証明できるような顕在的な仕方で含まれているのではない。ライプニッツの表現を借りればその含まれ方は「潜在的」である。*6 つまり「イエスを裏切る」という述語は無限級数のようにどこまでも無限に伸びてゆく分析の到達不可能な収束点、いわば無限に延びる二本のレールが地平線のところで交わって見える無限遠点にある。それは神から見てもそうなのである。先の引用を続ける。

神のみが、もちろん分析の最後――これは存在しないのだから――を見ているわけでないにせよ、少なくとも諸項のつながりすなわち述語の主語への内包を見ている。というのも神だけは系列の中にある一切を見ているからである。*7

このあたりを論じている『形而上学叙説』（*Discours de métaphysique*, 1686）を読んでいて面白いのは、スコラ哲学のように述語を「人間」とか「死すべきもの」とかいったものごとの分類に関わる類や種として考えないことだ。述語は「ルビコン川を渡る」だとか「イエスを裏切る」だとか、みな出来事である。一つの出来事が起こるためにはそれに関わる無数の出来事が一緒に起こらなければならない。一つでも矛盾する述語が入り込めば世界は成り立たない。たとえばユダの概念に「裏切る」が含まれるのにイエスの概念に「裏切られる」が含まれていなければ、一つの同じ世界は成立しない。ライプニッツはこういう関係を「共可能性」（compossibilité）と名づけていた。これはただの論理的可能性ではなくて、世界を構成する可能性である。とすれば、どの個体概念も分析し始めると、それぞれ別なルートをたどりながら世界という一つの大きな出来事の全系列へと入り込まざるをえない。それが、さっきの引用にあった「無限に先へと伸びてゆく」分析の終わりなきプロセスである。すると世界は、そうした無限に多くの無限に伸びてゆく分析のすべてが限りなく収斂《しゅうれん》してゆく、ひとつの無限遠点、パースペクティブの消失点を備えた奥行きとして成立することになる。言い換えると、それぞれの個体概念はその個体が加担する大いなる世界‐出来事を潜在的な無限の全体として表現する、ということだ。「各々の個別的実体はそれなりに宇宙全体を表現しており、その概念にはその実体のあらゆる出来事が、それに伴う一切の状況や外的事物の全系列とともに含まれている[*8]」のである。

いま言っているのは神がそのような無限のパースペクティブの収斂によって一つの可能世界を

構成する、ということである。ちょうど無限級数を識別するときのように、神は個体概念がどの世界のどの個体かということを一挙に見て同定している。そういう意味では世界はベタな平面でしかない。けれども出来事の連関をたどってゆく限りでは、神でさえ「分析の最後」は見えない。世界は神にとっても、無限遠点をそなえた奥行きとして存在する。いいかえると、それぞれの個体概念は、一つの可能な世界をパースペクティブにおいて構成する神の「視点」なのである。もしその世界が選ばれて現実世界となったなら、それはそこから世界が開ける個体自身の視点となるだろう。ライプニッツは言っていた。

どの実体も一つの完結した世界のようなもの、神の鏡あるいは全宇宙の鏡のようなものである。いわば、同一の都市もそれを見る人の位置が異なるにつれてさまざまに表象されるように、おのおのの実体はそれなりに全宇宙を表現するのである。*9

潜在的意味としての充足理由

すべての無限分析が無限に収斂してゆくパースペクティブの消失点。すべての個体のすべての述語がそこで共可能的になる無限遠点。ライプニッツの求める意味の意味、現実がなぜよりにもよってこの世界なのかという「充足理由」はこの無限遠点に相当する。それが世界に潜在性の奥行きを与えるのである。ライプニッツが可能世界で言おうとしているのは、ただの整合的な命題の極大集合の並置みたいなものではない。ライプニッツが偶然的真理を言うとき、それは「可能なるもの」がひとつの奥行きを持った世界の不透明性として考えられねばならない、ということなのである。もしそれらの真理が必然的真理だったら、すべての分析は自同的真理にゆきついて完了し、一切のパースペクティブが消滅するであろう。実際、スピノザの世界はそのようなものだった。スピノザは事物がこうであって別なふうでないというあり方を永遠と見なしていた。そのつどの今が永遠で、何も隠されたものはない。それに抗して、ライプニッツは潜在性に満ちた世界の不透明性を回復する。おのおのの実体は「雑然としてではあっても、過去、現在、未来を通じて宇宙に起こる一切のことを表出する」[*10]。ユダの裏切りはしたがって、彼にとってもだれにとっても、全過去と全未来を含む世界の不透明な意味の一つのしるしなのである。

第二十一章

ここが最善世界であるかのように

私はライプニッツはつくづく損なキャラクターだと思う。前に言ったように、世界の修復を企てる彼のポジションはどう転んでも「反動的」だし、評判の悪い最善世界説などは彼をからかう絶好の口実になってきた。『モナドロジー』(*Monadologie*, 1714) の中でライプニッツはこんなふうに言っているのである。

ところで、神の持っている観念の中には、無数の可能な世界があるが、現実にはただ一つの世界しか存在することができないから、あれではなくこれを選ぼうと神が決心するための十分な理由がなければならない。そしてその理由はこれら世界が含んでいる適合すなわち完全性の程度のうちにしかない。すべて可能的なものはそれぞれが含んでいる完全性の度合いに応じて現実に存在することを要求する権利がある。これこそもっとも善い世界が現に存在している理由である。神はそれを知恵によって知り、善意によって選び、力によって生み出す。[*1]

何を言ってるんだ、この人は。こんなに悲惨と災厄と辛酸に満ちたこの世界が神に選ばれた「もっとも善い世界」だって?[*2] ……こういうところを捉えて、ライプニッツを度し難い「楽観主義」だと戯画化するのは簡単である。簡単すぎることには用心したほうがよい。批判と戯画化は違うからである。

というわけで、この章では、しばしば揶揄《やゆ》の的になってきた「神による最善世界の選択」というライプニッツのテーゼについて再考してみたい。ほんとうにそれは馬鹿げた話なのだろうか。

可能世界から選ぶ?

神は自分の知性の中にあるあらゆる可能世界の中から最善の世界を選んで創造した。ライプニッツの思想について紹介しているものを見ると、たいていそう書いてある。実際、さっきの引用はそういうことを言っているように読める。もしそうなら、神の知性の中には可能世界W_1、W_2、W_3、……が無限に並んでいて、賢く善い存在である神がそこからベストを選んで実現する、というふうなイメージになる。私もずっとそんな、メニューから一品といったイメージで理解していた。なんてご都合主義なんだろうと思ったものである。しかしいろいろ彼の書いたものを読んでいると、どうもそう単純な話ではない。

たしかに『弁神論』（*Essais de théodicée*, 1710）の中に、無数の部屋がピラミッド状に層を成して並んでいる運命の館という話が出て来る。*3 女神に案内されながら司祭テオドロスは無数の部屋を目にする。そこには無数の可能な人物セクストゥスがいて、無数の運命をたどっている。ある部屋ではセクストゥスはローマに行かずに幸せに暮らしている。だがピラミッドの頂点に位置する最上階の部屋を見ると、ローマに行くことを選んだばかりに友人の妻ルクレティアを手籠めにし、予言どおり追放の憂き目にあうセクストゥスがいる。この部屋こそ結局は神ユピテルが現実世界として選んだもっとも完全な世界であると女神は告げる――。明らかに神の最善世界選択のアレゴリーである。可能世界はどれも装飾のすんだ部屋のように出来上がって並んでいて、あとは神がそこから最善なのを選ぶだけだ。

しかしこれはあくまで寓話への仮託である。ライプニッツも無数の可能世界がどんなものなのかあまり詳しく説明はしてくれない。ひょっとすると、ズラーッと並んだ可能世界からベストを選ぶ、という描像はどこかミスリーディングなところがあるのではないか。

もちろん、世界というのは共可能的なものの集まりにすぎない。可能的なものの組み合わせにはさまざまに異なったものがある以上、数多くの可能な世界があり、共可能的なものの集まりの各々がそれら可能な世界のひとつひとつを作り上げる。でもそれなら、可能世界の中から選ばれるこのわれわれの世界に何か特別なところがあるだろうか。いちばん完全でいちばん善い（この意味はいずれ考えよう）というが、それは程度の話である。「可能な世界」の一つという点でほかの世界と何ら本性の違いはない。もちろん神はその世界を力によって生み出す。けれども、生み出されて現実になった世界はそうなる前に可能世界だったときと細部の細部までそっくり同一である。可能世界にないものが現実化するはずはないのだから。

すると、この話でわからなくなるのは〈現実性〉である。生み出されて現実となった世界は可能的なものにいったい何がプラスされているのか。それがわからない。可能的なものの組み合わせからはどうやっても現実性は作れない。（ちなみに現代のデイヴィッド・ルイスのような様相実在論者ならそんなプラスは何もないと言うだろう。すべての可能世界がその世界でそれぞれ現実と呼ばれるだけだと[*4]。）

世界の不透明性

私は、こういう可能世界からの選択という話はライプニッツでいちばん大事な「潜在性」ということをうまく捉えられていないと思う。スピノザの必然主義に抗してライプニッツが言おうとしていたのは可能な世界があるというそのことではなくて、世界は別様でありえたのにこれでしかない、という、現実のもつある種の必然性だった。現実世界は背後にその深い理由を隠している。だから不透明である。前章で見たように、ライプニッツはそれを「潜在性」として考えていたのだった。この不透明な深さがないなら現実ではない。ところが今みたいな話だと、メニューの上の可能世界には隠れたところがない。可能なものの組み合わせでできた中身は等しく顕在的で、そうでないと比較ができない。そのどれかが選ばれて実現されるというだけでは深さや潜在性が言えないのである。

とすれば、最善世界選択というテーゼは、反対に、現実が構造的に持っている潜在性から考えなおす必要がある。可能世界のリストからベストが選ばれるというのではなくて、反対にわれわれのこの世界の現実性から、それが選ばれたものでないことはありえない、と考えるのである。

あらためて「潜在性」のライプニッツ的な定義を振り返ってみよう。

ところでこれはたしかなことであるが、真なる述語づけはみな事物の本性のうちに何らかの基礎を有する。そこで、命題が自同的でない場合、すなわち述語が主語のうちに明白な仕方で含まれていない場合、述語は主語のうちに潜在的に含まれているのでなければならない。[*5]

はっきりと含まれている場合と、潜在的に含まれている場合。これが必然的真理と偶然的真理の区別だということはすでに見た。おさらいしておくと、たとえば「三角形の内角和は二直角である」という命題は主語を分析してゆけば二直角＝二直角という同一性に行き着く。こんなふうに必然的真理が有限のステップで証明できるのは、述語が明白な仕方で主語に含まれているからである。だが「ユダはイエスを裏切る」という偶然的真理の場合、これを証明しようとすると分析は無限に先へと伸びてゆく。ユダがイエスを裏切るということが言えるためには結局他のすべての出来事がそれと矛盾なく共可能的であることを証明しなければならず、証明は世界が無限である以上無限系列になって終了できない。もちろん神はユダの真理を知っている。けれど、神ですら分析の最終項は見えない。裏切るという述語がユダという主語に「潜在的に含まれる」とはそういうことだ。

神ですら最終項は見えない。なのに必ず裏切ると知っている。なんだか微妙で逆説じみて聞こえるが、ライプニッツはおそらく無限級数とのアナロジーで考えているのである。たとえば無限級数$\frac{1}{2}+\frac{1}{4}+\frac{1}{8}$……は1に収束する。系列をたどって計算していっても永遠に1には行き着かないけれど、極限で収束することはわかる。ライプニッツはいわゆるライプニッツ級数や微積分法の発見で知られる。彼が偶然的真理の秘める無限性をこんなふうに理解していたとしても不思議ではない（そういえば無限級数 série infinie は無限のセリー、つまり無限系列と同じ言葉である）。「潜在的に含まれる」とはしたがって、「ユダは裏切る」のような真理が証明の無限系列の収束値として存在する、ということを意味するのである。

現実は信仰のように構造化されている

すると、世界はすべての事実命題のそうした収束によって可能になっているということがわかる。世界とは起こることの総体、「存在するすべての事物の継起と集まりの全体」[*6]なのだから。ユダの裏切り一つとっても、それはこの世界の他のすべての出来事と矛盾しないかぎりでのみ可能である。「ユダはイエスを裏切る」という命題の真理は、この世界がこれであってそれ以外でないという真理と一つになっている。ユダの真理は潜在的にはこの世界の真理、なのである。同じことはすべての事実の真理について言える。アダムが罪を犯し、セクストゥスがルクレティアを犯し、カエサルがルビコン川を渡る……こうしたことすべてを真にする共通の収束条件があって、それがこの世界を無限の可能性から選ばれた現実世界にしている。収束条件は収束させられるものの側にではなく、それと異なった何かのうちに「隠れて」いる。

世界の理由は、世界の外の何ものかのうちに、すなわち諸状態の連鎖ないし世界がその集まりからできている諸事物の系列とは異なる、何ものかのうちに隠れている。[*7]

隠れている、というのは、われわれから見てということではなく、世界から見て、ということだ。それはほかでもない、神は最善を欲する、という理由である。それなしになぜ「あれではなくこれ」に収束するのか説明がつかない。

面白いのは、ライプニッツがこの理由それ自体は証明不可能な「事実命題」だと考えていることである。「神はもっとも完全なものを選ぼうと欲する」というこの命題は事実命題の第一のものであり、「AはAである」とか「ものはそれ自身に等しい」とかいう明白な命題が証明されえないのと同じように、証明されえない。*8

すると、現実世界は二種類の分析不能な〈事実真理〉から成り立っていることになる。分析が無限に先へと伸びていって終了しない諸々の事実の真理と、それらの分析を極限で収束させる、それ自身はもはやそれ以上分析できない神の事実真理。真理のこの分析不能性が、単なる可能的なものの組み合わせのような平坦さではない現実世界の深さと不透明性の実質をなしている。そう言ってよい。

ご記憶のとおり、前章で私はそれを世界の奥行きの創出というふうに言った。ユダが裏切り、カエサルがルビコンを渡る。そのどれもがそれぞれ無限のパースペクティブをそなえた潜在的な真理である。それはどれも潜在的に同じこの世界の真理を表現している。そしてそれらすべてのパースペクティブの収斂する彼方、遠近法で言えば無限遠点に、神の証明不可能な理由が消失点のようにして位置する。こうしてすべての個体に起こるすべての出来事が、この世界が最善世界であることの隠喩となり、世界は深い意味を帯びて現われる。まるで世界そのものが信仰のように構造化されているみたいだ。「なぜユダのような裏切り者が神の観念のうちで可能的であるにすぎないのに現実に存在するのか」。ライプニッツは答える。

神はその罪を予見しながらユダが存在することを善しと認めたのだから、この悪は世界において十二分に償われているに違いないし、神はその悪からより大きな善を引き出してきて、結局この罪人の存在が含まれている事物の系列は、他のあらゆる可能なやり方のうちでもっとも完全なものとなっているに違いない。*9

「そうに違いない」というふうに現実世界はできている——あたかもここが最善世界であるかのように。ライプニッツは神の摂理への信仰を、事実の真理が持っている形而上学的な構造として修復しようとしているのだ。

第二十二章
連続体の迷宮

ここまで、ライプニッツの第一の迷宮を見てきた。「自由と必然の迷宮」である。ライプニッツによれば世界に起こることはすべて決まっている。とはいえスピノザのような、ほかは不可能という「盲目的必然」ではない。ほかでもありえたのに、そう決まっているというちゃんとした理由（充足理由）があるからである。神は最善の世界を選んだ。ライプニッツの世界はどの細部もこの究極の理由を隠喩のように表現する——一編の詩のどの細部も隠れた詩想の全体を表現しているように。世界のこの、いわば意味論的な潜在性と奥行きは、それを映し出すわれわれの魂に同じ潜在性と奥行きを与える。「自由と必然」という謎を解く鍵はきっとそこにあるはずだ。

しかしそちらのほうに行く前に、いったん第一の迷宮をあとにして第二の迷宮を見ておく必要がある。第二の迷宮はいわゆる連続体の迷宮、「〝連続性〟ならびにその連続性の要素と考えられる〝不可分体〟」をめぐる迷宮、である。第一の迷宮はスピノザの無意味の深淵の回避に関わっていた。第二の迷宮はデカルトの物心二元論によって分断された世界の連続性の修復に関わっている。本章はこの迷宮へといったん迂回する。ライプニッツの哲学はあちこち迂回するのである。

デカルトのアポリア

連続体の問題とはこうである。連続しているものは何であれ無限に分割できる。半分に、そしてまたその半分の半分に、と、どんどん分割していって、どんなに小さくしていってもきりがない。最後の構成部分には行き着かない、ということである。そこで今度は反対に大きさのない点から出発して連続体を作ろうとすると、それもできない。離散的な点をいくら集めても実在的な連続体は作れないからである。とすると、では連続体があるとして、それはいったい何からできているのか？　原子みたいなそれ以上分割できない最小部分？　それはダメである。いま見たとおり最小といったって大きさがゼロでない以上、その半分を、そしてその半分の半分を……と考えられてしまう。では点は？　これもダメである。ゼロをいくら集めてもゼロはゼロ、連続体は作れない。えっ、じゃあ……何から連続体はできているのか？

それと魂の問題とどういう関係があるのかと思われるかもしれない。それが大ありなのである。デカルトのテーゼを思い出そう。デカルトによれば、物体世界は「広がりをもったもの」（延長実体）からできている。私のこの体も机も窓の外の風景も、みな3Dの延長実体。宇宙はこうした物体からなる無限の広がりとしての物質空間である。デカルトは何も存在しない空虚というものを認めなかった。物質は空間と区別されず、物体世界はどこもかもがまさに連続体なのである。すると、さっきの問題が出てくる。諸々の物体そのものは最終的に何からできているのか？　デカルトは延長の無限分割可能性を理由に原子を否定していた。すべての目に見える物体は非常に小さな微粒子からできているのだが、微粒子はわずかであれ大きさがある。だからいつでももっと小さく分割されうるとデカルトは言う。[*1] ならば物体を構成する実在的な究極の要素などないに等しい。幽霊の足が消えるようにデカルトの物体は底が抜けているのである。

デカルトの二元論は他方、こういう3Dの広がりをまったくもたない実体として精神（魂）を考えていた。私の身体は手足をバラバラにできるので、ちょっと痛いが分割可能である。しかし私の精神、私の魂を半分だとかそのさらに半分だとかに分割することはできない。だから精神は身体なしに、身体は精神なしに、考えることができる。それらは実在的に区別される二つの異なる実体なのである。[*2] しかしそうすると、どうして魂が身体のうちにあると言えるのかわからない。だってそうでしょう。広がりのない魂がどうして身体というひとつのまとまりと結びつくことができるのか、その様式がわからない。デカルトは精神は身体の隅々までいわば広がっているのだと言うが、広がりがないのにそれは無理である。

こう見てくれれば、デカルトの困難は連続体の迷宮と大いに関係があることがわかる。連続体

（物体＝身体）のほうは無限に分割できて実在的な不可分体に行き着かない。不可分体（精神ないし魂）のほうは広がりがないので物体のどんな部分をも構成しない。要するに身体という分割可能な連続体ユニットと、魂という分割不可能で離散的なユニットとを構成的に関係づける理論がまったくないのである。デカルトは現実の疑いえない指標として「私はある」を見いだした。だが、その「私」、精神を、血肉をそなえたリアルな世界に埋め戻すのに失敗している。けれどわれわれには身体があり、猫だのプランクトンだのも身体を内側から生きているとしか思えない。デカルト的な心身の分断の修復、これがライプニッツ・プロジェクトの課題となる。

点から連続体を作る

実際に『モナドロジー』を見てみよう。ライプニッツの解決はおどろくべきものである。「モナド」と呼ばれる無限に多くの「形而上学的点」、無数の魂の相当物から物体を合成する、というのである。

これからお話しするモナドとは、複合体を作っている単一な実体のことである。単一とは、部分がないという意味である。

複合体がある以上、単一な実体がなければならない。複合体は単一体の集まり、つまり寄せ集めにほかならないからである。

さて、部分のないところには広がりも形もない。分割の可能性もない。モナドは自然の真の原子である。一言でいえば諸事物の要素である。*3

モナドという広がりのない原子(?)の寄せ集めで連続体を複合する? ライプニッツが迷宮に潜入しているのは明らかだ。まさに広がりのない点みたいな要素から連続体を合成しようというのである。どうやって?

ライプニッツはできると言う。「モナドないし実体的単位をなす実在的な各点(私もその一つである)のうちに宇宙のすべての継起を潜在的に置き入れる」こと、これでできる。*4 私なりにパラフレーズしてみよう。まず魂に似た形而上学的な点、無数のモナドがあるとする(どこに、と言わないこと)。同じ一つのバーチャルな宇宙をさまざまなパースペクティブから投影する透視図法の視点のようなものと考えればよい。そこには宇宙の全歴史を投影するための情報が、視点のバーチャルな位置情報とともにあらかじめ集約されている。モナドを覗き込めば、その視点から投影される宇宙のいっさいが時間シークエンスにそって読み取れるだろう。そういう無限個のモナドから一斉に投影できるプラネタリウム装置のようなものを考える。プログラムを走らせると、あら不思議、巨大プラネタリウムのスクリーンには無数のパースペクティブからの投影が重なり合って、同じ一つの世界がリアルタイムの3Dで映し出されるではないか。そう、それが空間的にも時間的にも切れ目のない連続体、われわれの宇宙である。それをそれぞれのモナドはそれぞれの視点から映し出し、それぞれの視点から見ている。見ている、というか、むしろ自分に起こるいっさいの出来事として経験している。

モナドはどこにいるのか

モナドが世界の構成要素だというのはそういうことである。物質の連続体は、部分をもたないモナドたちが同じ一つの宇宙の歴史を映し出すように調整されていることで、一つの効果として、つまり「現象」として生み出されるのである。「厳密に言うなら、物質は構成的な諸単位から複合されているのではなくて、それら諸単位から結果してくる。というのも、物質ないし広がりをもつ集塊とは、ちょうど虹や幻日現象のように事物に基礎をもつ現象にすぎず、いっさいの実在性は諸単位のみに属するからである」[*5]

けれどもモナドは現象の外にいるのではない。現象のまっただ中にいる。というのも、モナドには現象世界内の自分の視点の位置が情報として書き込まれているからである。だからモナドはまさに世界の中のその位置情報が指定する所にいる、というか、あたかも現象世界のその場所にいるかのようにして実在する、のである。

そんなふうにして、宇宙は無数のモナドでびっしり幾重にも埋め尽くされているかのようになっている。現象のほうはどこもかもが連続しているが、実在するのは離散的なモナドだけだ。同じ視点は二つとないので、実在としては無限個の離散的な点だけが存在する。物質のどの部分も可能的にでなく「現実的に無限に分割されている」[*6]とライプニッツが言うのはそのことである。こうして連続体の迷宮は解かれた。連続体は部分を持たないモナドによって現象として複合される。みごとなアイデアである。

身体をもつこと

ライプニッツは微分計算の発明者である。分割を無限に繰り返すと極限では点に接近するであろう。モナドはそこにいる。だからどんなに小さな物質部分にも膨大な数の魂のようなものが含まれているとライプニッツは言っていた。[*7]そのどれもが、世界内部の一点にいるかのようにすべてがそこへと起こってくるような、そういう視点である。視点は透視図法、つまりパースペクティブに従うので、モナドは時間的あるいは空間的に近いものははっきりと、遠くなればなるほどぼんやりと知覚する。で、一番近いものはというと、それは自分の身体という現象であろう。身体はさっきの意味で部分のない無数のモナドから構成されている。けれども宇宙を映し出す解像度は個々のモナドによって違うので、その中でもっともビビッドにこの身体を表象するモナド、「抜きん出たモナド」があるだろう。それがこの身体の魂だと考えればよい。まるで身体の中にいるかのようにすべてが魂に起こるのである。[*8]そんなふうにしてわれわれはわれわれの身体とうまとまりと結びついている。もちろん身体の小さな物質部分、たとえば細胞内にはミトコンドリアなんかがいて、それもまた魂をもったひとつの身体である。まあ相当解像度の低い魂だけれど。そうやってライプニッツの宇宙は入れ子状の無数の生ける身体で満ちている。

物質のどの部分も、植物でいっぱいの庭園、魚でいっぱいの池のようなものと考えることができる。しかもその植物の一つ一つの枝、その生き物の一つ一つの身体部分、その体液の一滴一滴が、これまた同じような庭であり、池なのである。*9

デカルトは物質から魂に似たもの（当時の言い方で「実体形相」）を追放した。物体は互いに外的な諸部分の寄せ集めにすぎず、微粒子が押し合いへし合いしながらかろうじて維持している暫定的なパターンにすぎない。これがデカルト自然学の基本である。物体は形や運動で区別されるだけで、いったいどこまでがひとつのまとまりなのか決定する内的根拠はない。個体原理は消失する。他方、魂は「私はある」の不可疑性にぶつかることのできる「精神」に限られる。たとえ世界が実在していなくても私はある。そう確信する「精神」は、思えばはじめから物体世界から自分を排除しているのである。それでどうなったか。感じ考えているわれわれの「いま、ここ」から切れ目なくつながっている世界の連続性、これをデカルトは破壊してしまったのである。

その修復のために、ライプニッツは「実体形相」を物質世界に呼び戻す。それもまったく前代未聞のモナドロジーという過激な仕方で。*10 世界は部分のない魂に似た無限に多くのモナドだけでできている。モナドはどれもその視点から映し出される宇宙の全歴史を潜在的に含んでいるので、宇宙に起こる同じひとつの出来事がすべてのモナドにそのモナドの経験として現象する。ユダがイエスを裏切るという同じ出来事は生ける身体をもったユダの魂に、生ける身体をもったイエスの魂に、そしてその他無限に多くの生けるモナドに、それぞれ違ったパースペクティブと解像度で起こるようになっている。そうやって世界はどこもかしこもがつながり合い、連続し、切れ目というものがない。ライプニッツは「存在の大いなる連鎖」を復興するのである。

第二十三章
魂の深さ、世界の深さ

ライプニッツを続ける。

世界は私の身体の「いま、ここ」から切れ目なくつながっていて時間的にも空間的にもかなたへと広がってゆく。それは無限に多くのモナド（私もその一つである）が同一の宇宙を多重投影する視点になっているからだ。もちろんそんなふうになっているためには、同一宇宙を投影できるように、潜在的に含まれているモナドたちの情報があらかじめ調整されていなければならない。ライプニッツはこの調整を「予定調和」（l'harmonie préétablie）と呼んでいた。「最善世界」もそうだったけれど、これもまたベタなネーミングである。〝予定〟とは〝前もって確定された〟という意味である。あらかじめ決められたストーリーから外れることはどのモナドにも何一つ起こらない。なんて退屈な世界だろうと言いたくなる。
しかしそう言いたくなるのは、できあがった世界ストーリーの台本を見ている気になっているからである。可能な無数の世界ストーリーのなかから一つが神によって選ばれる。するともう起こることはぜんぶ決まっている。選ばれた世界をそんなふうに思い浮かべるとき、われわれはそれがわれわれのいるいまここの、この現実だということを忘れている。ライプニッツにとって、現実は無数のモナドのパースペクティブだけでできているのだった。パースペクティブはその構造上、現前するものと現前しないものを結びつける。言い換えると、この独特の構造のおかげで、すべてが一挙に現前するということがないようになっている。予定調和についてライプニッツはこんなふうに言っていた。

私はまた、この調和こそが未来と過去とのつながりを作り、現前しているものと現前していないものとのつながりを作っている当のものであることをも示した。前者のつながりは時間的な結びつきをもたらし、後者は場所的な結びつきをもたらすのである。[*1]

〝つながり〟(liaison リエゾン)という言葉はフランス語の発音の連音と同じで、つなげながらたどることを意味する。ストーリーのつながりは、未来と過去、現前と非現前のはざまに位置するモナドの「いま、ここ」において、まさにそのモナドの知覚的なパースペクティブを構成するような仕方で作られる。予定調和とはそういうことだとライプニッツは言っているのである。ストーリーはすでに決まっているが、それはこうしたリエゾンでしかたどれない。リエゾンとしてのモナドの経験、これが彼の問題なのである。

というわけで、連続体の迷宮くぐりを終えた今、われわれはふたたび第一の迷宮に戻ってくる。それは「自由と必然の迷宮」である。神の決定は「必然化することなしに傾ける」とライプニッツは言っていた。だからユダは自由に、しかし間違いなく裏切る。*2 いったいライプニッツは何を言おうとしているのだろうか。

仮定的必然?

起こることはあらかじめ決まっているが必然ではない。なんだか詭弁じみて聞こえるが、ライプニッツはそう言いたい。たとえばユダは必ず裏切るが、必然ではない。神がそういう世界を選んだから裏切るのである。ライプニッツは「神がその世界を選んだならそうなるしかない」という意味で、これを「仮定による必然」と呼んでいた。もちろん神が選ばなかったならそうはならないし、選ばないことは神の自由である。だから裏切りは事柄自体としては、2たす3は5のようにその反対が矛盾を含むわけではない。必然のように見えていてその実、神が選ぶ偶然なのである。*3

なるほど。でも結局ユダは裏切らないことはできない。「その反対が矛盾を含まないから必然ではない」と言ったって、ユダにとって現実のコースはいささかも変わらない。実際ライプニッツもそう認めている。

しかしいったん神が選択してしまったなら、すべてが神の選択に含まれていて何一つ変えられることはできないと認めざるをえません。なぜなら神は一挙にすべてを予見し調整してしまったわけでして、事柄を少しずつ部分的に調整するわけではないからです。*4

なんだ、それじゃやっぱり裏切るしかないではないか。

内的原理としての欲求

いまの話に欠けているのはモナド自身の理由である。たとえ事柄自体の非必然、つまり偶然が言えても、それで自由が言えるわけではない。そうでしょう。ユダが裏切ったのはただの偶然にすぎないなどと言うだろうか。自由を言うためにはユダの魂の内的な原理に言及しなければならない。

さっきの話だけだと詭弁にしか見えないが、ライプニッツはさらにこの内的な原理についてもちゃんと考えていた。

一つの知覚表象から他の知覚表象へと変化や移行を引き起こす内的原理の働きは〝欲求〟(appétition)と呼ぶことができる。もちろん欲求は自分がめざす知覚表象の全体にいつも完全に到達できるとはかぎらない。しかし欲求はつねにそのうちの何ほどかを獲得し、そうやって新たな知覚表象に到達するのである。*5

これまでモナドは宇宙全体を映し出す透視図法の視点みたいなものだと述べてきた。しかしモナドは出来上がった映画をただ上映しているのではない。モナド自身の欲求が、決まったストーリーのつながりをそのつどつけてゆくのである。

たとえば宇宙の寂しい一角で私は夜食を求めてコンビニに向かう。もちろんこれは無限に多くのモナドたちが多重投影する同一宇宙の、私というモナドからのパースペクティブである。そういう意味で調整ずみのストーリーの一コマにすぎない。けれどもたしかに私のまわりの風景は急ぐ歩行につれて変化し、ついにめざすコンビニが見えてくる。あいにく閉まっていても、それはそれ。私はあとにした道を背後に感じ、これからどうするかまだ現前しない場所をめざそうとする……。

この時間的・空間的シークエンスのすべてにわたって、知覚表象(perceptions)の推移のつながりをつけているのは私の「欲求」である。あらかじめ調整ずみの多重投影の一つだからといって、この欲求の現実は変わらない。そして、こんなふうに私の欲求による「リエゾン」が生じることは、もし予定調和によってすべてのモナドが調整されていなかったらありえなかっただろう。コンビニ現象をその位置で合成しているモナドたちが違うシークエンスを投影するようになっていたら、こんな場面は成立するはずがないのである。

魂の深さ

こうして潜在性の本当の意味が見えてくる。世界の連続性は、予定調和によってモナドという各点のうちに宇宙のすべての継起を潜在的に置き入れることで可能となる。ライプニッツはそう言っていたのだった。今度はフルで引用しよう。

すなわち、本当の意味で一つと言える唯一的なる実体、すなわち生と行動の原初的な主体——知覚表象と欲求を常にそなえ、自らが現にそれであるところのものとともに自らがそれになるであろうものへの傾向を常に含み込んでおり、したがってまた未来のまったく別な事柄を表象するよう常に存続する主体——そういう主体のひとつひとつのうちに、予定調和は宇宙のすべての継起を潜在的に置き入れるのである。[*6]

カエサルがルビコンを渡り、ユダが裏切る。こうした事実真理は証明しようとすると無限分析になる。そのことが世界に奥行きを与えるということをわれわれは見た。[*7] いまその奥行きが魂の奥行きとしてあらわれる。すべての過去が流れ込み、すべての未来へとつながっていくそのリエゾンを、モナドは自分の欲求によって生きる。リエゾンは「いま、ここ」でつなげながらたどるので、ストーリーは一挙には現前しない。カエサルはそのときが来るまで自分が本当にルビコンを渡るか知らないし、ユダはそのときが来るまで本当にイエスを密告するかどうか知らない。世界の真理が世界にとって隠されているように、彼らの真理は彼ら自身に隠されているのである。ストーリーはそんなふうに半ば隠れることで隠喩化する。現前する知覚表象はモナドの「自らが現にそれであるところのものとともに自らがそれになるであろうものへの傾向」によって潜在的に全過去と全未来につながり、ストーリーの全体をまるで暗号のようにほのめかすのである。

隠された世界の理由、それは神が思慮に基づいて最善のものを自由に選んだ、ということだった。世界は現実にそれがあるというだけで神の自由を含意する。モナドたちの欲求をしかじかの知覚表象へと傾かせる理由は、この隠された大いなる理由の一部をなしていて切り離せない。そうやってすべての魂がそれぞれの欲求にしたがって一つの同じ世界の真理を潜在的に表現するわけだ。ライプニッツの「最善世界」や「予定調和」は能天気な概念に見えるが、そうではない。それはわれわれの「いま、ここ」がそなえる無限の深さを説明する極めてライプニッツ的な概念なのである。

自由

自由と必然の問題に戻ろう。ライプニッツは神の決定は必然化しない、傾けるだけだと言っていた。これはいまの、ストーリーを隠喩化する潜在性の構造のなかで考える必要がある。われわれは自由というと、どちらかに傾く必然性がないことと考えてしまう。しかしライプニッツはそういう「均衡の自由」の存在を認めなかった。魂は全宇宙の全状況をその視点から表現するのである。これほど複雑な状況のなかで考量がどっちにも傾かないで均衡しているなどということはありえない。欲求を傾かせ選択させる何かがつねにあるはずだ。ただそれは理由の形をとるので、われわれを機械のように必然化はしないとライプニッツは言う。[*8]

たしかに機械的な均衡状態だけだとなぜ一方に傾くのかわからない。そこには「理由」のウエイトが要る。理由は全過去と全未来の、いまここでの欲求によるリエゾンのなかでのみ形をとる。それが傾かせるのである。『モナドロジー』の草稿を書きながら、ライプニッツはいまそんなふうに自分が書いていることについて書いている。

たとえばいま私がこれを書くようにさせる作用因のうちには現在と過去の無限に多くの形や運動が入ってきており、また目的因の中には現在と過去の私の魂の無限に多くの微細な傾向や傾きが入ってきている。[*9]

もちろん、そんな無限の連なりはわれわれには見えない。またその必要もない。むしろ「理由」は魂の無限の深さからやってくる。

まとまった一つの意志作用には多くの知覚表象と傾向が寄与している。意志作用はそれらの葛藤の結果なのである。それらのうちあるものは切り離して独立には知覚できない。それらの集まった全体がある不安を形作り、いったい何についてなのかわからないままわれわれを駆るのである。*10

理由は必然化するのでなく傾けさせる、とはそういうことだ。

こうしてライプニッツは「自由と必然」の精妙な迷宮を再建する。カエサルは自らの小暗い欲求にしたがってルビコンを渡り、ユダは自らの小暗い欲求にしたがって裏切るだろう。モナドはいついかなるときも自発的であり、リエゾンをつけないではいられない。われわれは予定調和の中でいわば自由へと呪われているのである。

終章

十七世紀は終わらない

で、ライプニッツは世界の修復に成功したのだろうか。ライプニッツは時代的にちょうど十七世紀と十八世紀にまたがっている。ご存知のように、そのあとヒューム、カント、そして偉大なるドイツ観念論と続き、現代へと哲学史は下ってくる。広い意味でのわれわれの近代である。近代を十七世紀「近世」から隔てるちょうど境界に位置する哲学者、それがライプニッツにほかならない。それだけに彼の首尾は人ごとではない。最後にそれを見届けておこう。

全体化と二重化

これまで見てきたところからすると、ライプニッツの世界修復は〈全体化〉と〈二重化〉という形をとっていることがわかる。まず、可能なるものの無限な領域から共可能的なものの極大集合としてもろもろの可能世界がくくりだされ、その最善のものが選ばれ創造される。現実の世界はしたがって、つじつまの合った一個の全体、共可能的な無限の細部からできた全体である。

このような細部はどれもがそれに先立つ、ないしはもっと詳細な他の偶然的要素を含み、それしか含まない。そこでその一つ一つについて理由を明らかにするとなると、また同じような分析が必要で、どこまでいってもその先に進んだことにならない。そこで十分な最後の理由は、このような偶然的要素の細部がたとえどんなに無限でも、結局その連なりや系列の外になければならない。[*1]

無限の細部は分析の無限性ゆえに、そこに現前しない「十分な最後の理由」をほのめかす隠喩となる。世界は共可能性によって全体化され、隠れた意味によって二重化される、のである。

こうした全体化と二重化を可能にするのがライプニッツの天才的アイデア、「モナド」だった。モナドは「宇宙の不滅の生ける鏡」[*2]である。世界は無数のモナドの視点からの多重パースペクティブとして構成される。世界が無限であるにもかかわらず一個の全体でありうるのは、視点というものがどれも単一だからだ。魂がそうであるように、分割された視点などというものはない。パースペクティブはどれも無限の広がりを単一の視点のもとで包括し全体化している。(そういえば、単一なものというのが〝モナド〟の意味であった。[*3])そのうえ、パースペクティブ(透視図法)はどれも無限のかなたに消失点を持つ。「世界の隠れた理由」は多重化される無数のパースペクティブの共通の消失点に相当する。それが無数のモナドの知覚表象の奥行きを支え、モナド自身に潜在性の深さを与えるのである。そんなふうにして世界はモナドそれぞれのパースペクティブの中にシームレスな全体として取り込まれ、無限遠点からの折り返しによって二重化され、さらに視点の数だけ多重化される。無限なる多を一に統合するみごとな技法である。

全体化と二重化のモチーフはライプニッツ哲学のいたるところに見ることができる。そもそも世界は一個の全体になっていなければ可能世界の一つとして選ばれることができない。そして神によって選ばれたというそのことで世界は倫理的な色合いを帯びる。同じ一つの世界が「自然の物理的世界」と「恩寵《おんちょう》の倫理的世界」に二重化され、創造神を二重に賛美する。「万物はまさに自然という通路を通って恩寵にまでいたる」[*4]とライプニッツは言っていた。世界がどんなに悲惨に見えても善き行いには必ず報いがあり、悪しき行いには必ず罰がある。それが神の完全なる統治なのだから。ごらんのように、ライプニッツの世界はまさに信仰のように構造化されている。これはやはり、ある種の自然神学なのである。

たしかに時代がくだると、哲学は神だの恩寵だのと正面切っては言わなくなる。けれども、どうであろう。視点に似たもので世界を全体化し、意味の意味で二重化するという発想の基本、これはそんなに変わらないのじゃないか。カントの超越論哲学はライプニッツの「現象」や「統覚」(モナドの自己意識を伴う知覚のこと)を絶対引き継いでいるし、現代の解釈学や現象学も、世界に潜在的な意味を見るというところは基本的にはライプニッツ的だ。フッサールが、ハイデガーが、そしてメルロ＝ポンティが「モナド」に言及するのは偶然ではない。雑多なものを一つの意味する全体へと多重化する複数の受肉した視点。こういう発想自体、とてもライプニッツ的である（と私は思う）。

われわれはともすると、こういう発想がライプニッツの発明だということを忘れている。このあと見るように、ライプニッツ以前、十七世紀の哲学者たちにそんなものはなかった。むしろ〈視点なき無限〉とでも言うべき何かが姿を現しはじめていた時代、それがあの世紀だった。ライプニッツのおかげでわれわれにはこのことが見えなくなっている。そして、ライプニッツのおかげで、ということすらわれわれは忘れている。

視点なき無限

不思議といえば不思議である。デカルトはもちろんのこと、ホッブズもスピノザも屈折光学や視覚論のエキスパートだった。『方法序説』は屈折光学を含む科学論文に付けられた序説だったし、ホッブズの『人間論』はほとんど視覚のメカニズムの説明をやっているようなものだ。光学レンズの製作に習熟していたスピノザ、フェルメールと同時代人のスピノザが透視図法を知らないわけがない。にもかかわらず、なぜか彼らの哲学には視点やパースペクティブといった発想がまったくないのである。

あのデカルトですらそうだ。天や地もなく、私には眼もなく、ただ自分は世界を見ていると思っているだけかもしれない。それでも私はある、私は存在する。デカルトの「私」はライプニッツの魂に似ていなくもないが、視点ではない。むしろそれは世界のパースペクティブが失われるまさにそのときに姿をあらわす。世界なしにそれは存在しうる、のだから[*5]。世界のほうはというと、どこにも中心のない無限の広がりにすぎない。最初はカオス状態で、そこから微粒子群の無数の渦動が生じ、宇宙は自ずと秩序を形成していくとデカルトは想定する。神のまなざしも魂のごとき実体形相もなしに、勝手に宇宙は生成する。デカルトはそういうどこから見られているのでもない視点なき光景が「純粋数学の対象」として実在すると考えていた[*6]。デカルトの哲学が人を不安にさせるのは、〈何も見ていない眼〉とでもいったものが姿をあらわしているからだと私は思う。全能の欺き手によって欺かれているかもしれない「私」は、本当は何も見ていないのかもしれない。神は神で、何を見ているのか皆目わからない。神はまったく不可解な仕方で必然性を創造する。三角形の内角の和が二直角であるということさえ、神がそう欲したから真になっているにすぎないとデカルトは言っていた（永遠真理創造説[*7]）。要するにデカルトの場合、実在を構成する共通のパースペクティブといったものがない。視点は何ものをも支えないのである。デカルトがあの懐疑の果てに見出した「私はある」は、もう何も見ていない私の眼そのものだ。デカルト的な「現実」は、もはや見ていない私の眼と何も見ていない神の眼とのあいだにひらく規定も何もない深淵としてまずは確保される。そういえばデカルトは、それ自体としてみればわれわれの意志は神の意志とおなじくらい大きい、とびっくりするようなことを言っていた[*8]。

神と私が似ているのは世界のパースペクティブを収束させる視点という点においてではない。むしろ、〈何も見ていない眼〉で肯定しあるいは否定する、意志の無限という点で似ているのである。

スピノザも視点という発想には無縁だった。世界はたった一つしかない。けれど視点による統一とは無関係である。思い出していただきたい。神＝自然はその外が不可能で、それゆえ絶対的に無限であるような実体として証明的に構成されたのだった。[*9] 外がないので、すべてはそのうちになければばならない。この「すべて」は全体化なしに、いきなり一挙にすべて、である。神の「無限知性」は全体化する視点を持たない。知性とはいっても、それは事物の産出系列と同型の系列として生み出される観念の無限連鎖からなる無限様態にすぎず、ただただ無数の連鎖部分だけで思考している。[*10] そう、スピノザの世界には透視図法がない。地平もなければ視点もない。ドゥルーズふうに言えば、それは付け加わる次元を持たない絶対的な「内在平面」なのである。[*11] スピノザは、平面を這い回るそういう連鎖状知性の一部分としてわれわれの精神は存在すると考える。スピノザの魂はだから「生ける鏡」なんかではない。反対に、どこにも視点のないこうした必然の世界をもっぱら証明だけで理解する「精神の眼」である。スピノザはそうしたどこから見るのでもない眼で見ることを「永遠の相のもとに見る」と言っていた。[*12] スピノザとともに「現実」はパースペクティブなしの絶対無限となる。それを彼は〝神〟と呼んでいた。

ホッブズはホッブズで、やはりある種の視点なき無限の創出に関わっている。「万人の万人に対する戦争」に突き進む自然状態から国家権力の設立へ。あの契約説のストーリーは、限界が見えないある種の悪無限を、限界を持たない絶対的な無限へと変換する試みだと見ることもできる。各人が保持する「自然権」は、自分のためになにをしてもかまわない無制約の権利だった。ホッブズがブラックな厳密さでシミュレートして見せるように、各人はそのままでは結局互いを出し抜こうとして限界の見えない相互暴力にはまり込むであろう。これをストップさせるには、各人相互の信約によって自然権を放棄し、ただひとりだれにも制約されない至高の権力にこれを委ねるしかない。正義はだから国家と共にしか始まらない。主権者が正しいと言うことが正義である――そうわれわれは約束してしまった、ということにしてしまうのである。ごらんのように、ホッブズの絶対主権はどこかデカルトの理解不能の全能者に似ている。それはだれもそこから世界を覗くことのできない視点なき無限、人工人格の法なき無限である。ホッブズは「人格」をその原義「ペルソナ＝仮面」という意味に解していた。群衆を一個の国家共同体へと全体化するのは、何も見ていない人工の仮面なのである。*13

こんなふうに、彼らの哲学は〈視点なき無限〉を出現させる。世界の底が抜けると私が言っていたのはそのことだった。三人とも無神論を疑われたらしいが、まあそれもわかる気がする。ライプニッツの「モナド」はまさにこれら恐るべき無限を封印する発明だった。視点の中に世界を置き入れて全体化し、二重化すること。そうやって無限を鎮め、ホーリスティックな閉じた無限にすること。ライプニッツの連続律と充足理由律はその原理なのである。

底入れの脆弱さ

ライプニッツのモナド・システムは精緻で完璧で、ほとんど芸術作品を思わせるほどだ。けれどもそれだけに脆弱さを感じさせる。なぜ現実はこれであって他ではないのか。ライプニッツの答えは、神が可能な世界からこの世界を選んだからだ、というものだった。なぜ選んだのか、というと、それは神はベストを選ぼうとするからだ、ということに尽きる。これが崩れるとすべてが崩れる。ところでこの最後の理由、これをライプニッツはもはや証明不可能な事実命題だと考えていたのだった。

現実存在に関する第一の原理は〝神は最も完全なものを選ぼうと欲する〟という命題である。この命題は証明されえない。それはすべての事実命題のなかの第一の命題であり、あるいは偶然的なあらゆる現実存在の根源である。それは、神は自由である、と言い、この命題は証明不可能な原理であると言うのとまったく同様である。なぜならもしこの最初の神の決定の理由を明らかにできてしまったら、そのことによって神はそのことを自由に決定したのではないことになってしまうだろうから。それゆえ私はこの命題は自同的命題に比べることができると主張する。〝AはAである〟という命題、あるいは〝事物はそれ自身に等しい〟といった命題は証明されえない。同様に〝神は最も完全なものを欲する〟という命題も証明されえない。*14

「カエサルはルビコン川を渡る」のような事実命題は証明しようとすると分析が無限に先に伸びていって終わらない。だから偶然的であるとライプニッツは言っていたのだった。しかしいま、「神は最も完全なものを選ぼうと欲する」という命題はA＝Aのような自同的命題と同じように、もはやその先がない、という意味で証明不可能だとライプニッツは言う。事実に関わる命題なのに、証明不可能で必然的である。ライプニッツはそう言っているのである。もしそうなら、この命題は有無を言わせぬ自明さをそなえていなければならない。そなえているだろうか？

そなえているように見えるのは、「もし神が可能なものから選ぶとすれば」という前提があるからだ。だがこの前提をこそスピノザは否定していたのだった。神は選ばない。神が現実なのである。デカルトでもおそらく自明ではないだろう。むしろ、神が欲するから最も完全であることになるのだ、と言いそうな気がする。ホッブズならきっと、何をおっしゃっているのかわからないと言うであろう。彼にとって「事実」は必然でも偶然でもなくてただの証言の問題にすぎない。学知には属さないのである。ライプニッツは、これは証明なき根源的事実である、と言っているだけにすぎない。それは哲学の命題ではなく、信仰命題なのである。

十七世紀は終わらない

ライプニッツの世界は信仰のように構造化されているだけでなく、まさに証明不可能な信仰命題によって支えられている。だから脆い。

ライプニッツは修復の哲学であり「反動」であるという意味がいまよくわかる。ライプニッツにとって他の三人は回避すべき危険だが、三人にとってライプニッツの危惧するところは何の危機でもない。デカルトの見いだした「私はある」は神がどうであろうと、世界がどうなっていようと、現実指標としての確実性をいささかも減じない。スピノザにとってライプニッツの「理由」はどうでもよいことである。そもそも現実は他でありえた可能性はないのだから。思えば不思議だが、ライプニッツは顧問官をしていたのに、なぜか政治論らしきものを残していない。子供が親に服するように人間たちが神に服する予定調和の神の国。そんなイメージを繰り返すばかりだ。[*15] しかしそんな理想が失敗だったとしても（そして実際、失敗だったのだが）、法と正義は現実からなくならない――現実に権力がなくならないのと同じ意味で。内乱の哲学者ホッブズにとって、あるいは群衆の力能のスピノザにとって、真の危機はそんなところにはなかった。

こうして見てくると、「現実」概念という点ではライプニッツがもっとも脆弱なのかもしれないという気がしてくる。現代ではもう神だの信仰だのと哲学は言わないのだが、系譜学的に言って、われわれはそれと知らずライプニッツの遺構の中にいる可能性はある。もしそうなら、彼が封印しようとした底なしの無限はいつでも回帰してくるだろう。そんな気配を感じる。「現実」とは何のことか。そう問うかぎり、様相の十七世紀は終わらない。

註

序章

＊1 Bernard Williams, *Descartes, the Project of Pure Enquiry*, Pelican Books, 1978, Reprinted in Penguin Books 1990, Preface.

＊2 デカルト『方法序説』第一部 A. T. VI, p. 9.（頁付けはアダン・タンヌリ版）

＊3 アレクサンドル・コイレ『閉じた世界から無限宇宙へ』（横山雅彦訳、みすず書房、一九七三年）。科学史家コイレの古典的な十七世紀研究。書名が象徴的である。

＊4 本書第四章

＊5 本書第七章

＊6 本書第十三章、第十五章、第十六章

＊7 たとえば、ライプニッツ『弁神論』第三二、六七、一七二、一七三、一八六節など。

＊8 不可能（ありえない）は可能（ありうる）の否定、偶然（そうでないこともありうる）は必然（そうでないことはありえない）の否定という関係にある。また必然は不可能で言い換えられ（そうでないことの不可能が必然）、偶然は可能で言い換えられる（そうでないことの可能が偶然）。ただの事実でも、様相が入ってくるといきなり形而上学的なことがらになってくる。あなたがこの文をいま読んでいるのは偶然なのか必然なのか。読んでいないことも可能だったのか、それとも不可能だったから読んでいるのか。

第一章

＊1 デカルト『方法序説』第三部 A. T., VI, p. 11.

＊2 同、第一部 A. T., VI, p. 10.

＊3 デカルト『哲学原理』仏訳版序文 A. T., IX-ii, p. 14.

＊4 『方法序説』第二部 A. T., VI, p. 11.

＊5 同、第一部 A. T., VI, p. 5.

＊6 同、第二部 A. T., VI, p. 16.

＊7 同、第一部 A. T., VI, pp. 5-9.

＊8 同、第一部 A. T., VI, p. 8.

＊9 デカルト『精神指導の規則』第二規則 A. T., X, p. 366.

＊10 「その根拠が蓋然的でしかなく、論証というものをまったく持たない書物の学問」（『方法序説』第一部 A. T., VI, p. 12）。
実生活の行動については「たとえわれわれが、どちらの意見が蓋然性をより多く持つかを認めえないような場合でも、われわれはやはりそのどちらかをとることを決心しなければならない」（同、第三部 A. T., VI, p. 25）。

＊11 同、第二部 A. T., VI, p. 21.

＊12 Cf. Jonathan Bennett, *Learning from Six Philosophers: Decartes, Spinoza, Leibniz, Locke, Berkeley, Hume*, Vol. 2, Clarendon Press, 2001, p. 68.

＊13 『精神指導の規則』第二規則 A. T., X, p. 362.

＊14 『方法序説』第二部 A. T., VI, p. 19.

＊15 同、第二部 A. T., VI, pp. 18–19.

＊16　同、第三部 A. T., VI, pp. 22ff.

第二章

＊1　デカルト『省察』第一省察 A. T., VII, p. 17.

＊2　同、第一省察 A. T., VII, p. 22.

＊3　同、第六省察 A. T., VII, p. 89.

＊4　同、第二省察 A. T., VII, p. 25.

＊5　ヤーッコ・ヒンティッカ「コギト・エルゴ・スムは推論か行為遂行か」、デカルト研究会編『現代デカルト論集 II 英米篇』勁草書房、一九九六年

第三章

＊1　デカルト『省察』第二省察 A. T., VII, p. 25.

＊2　"Je pense, donc je suis"（『方法序説』第四部 A. T., VI, p. 32）"Ego cogito, ergo sum"（『哲学原理』第一部第7節 A. T., VIII, p. 7）

＊3　『省察』第二答弁 A. T., VII, p. 156.

＊4　同、第二省察 A. T., VII, p. 25.

＊5　同、第二省察 A. T., VII, p. 27.

＊6　『省察』の「以下の六つの省察のあらまし」を見よ。および『哲学原理』仏訳版序文。「私はある、私は存在する」はすべての証明の第一原理であって、それ自身は証明される命題ではない（『哲学原理』仏訳版 A. T., IX, p. 10)。スピノザにはこのことがよくわかっていた。「私は存在する」ということは先立つ何ものも

なしに「それ自体で知られなければならない」（スピノザ『デカルトの哲学原理』第一部定理2）。つまり根拠なしに知られなければならない。『デカルトの哲学原理』（一六六三年）はスピノザがデカルト哲学を幾何学的秩序で（批判的に）再構成したもの。

＊7　実際、デカルトは言っている。「私は考える、ゆえに私はある、あるいは存在する ego cogito, ergo sum, sive existo」と言うとき、人は「存在を思考から三段論法で演繹するのではなく、あたかもそれ自身で知られる事柄として精神の単純な直観によって認知する」のである（『省察』第二答弁 A. T., VII, p. 140）。三段論法による演繹だったら、すべて思考するものは存在する、しかるに私は思考するものである、ゆえに……というふうになっていなければならない。それならすべて歩行するものは存在する、でも同じである。存在しないで思考なんかできないし、存在しないで歩行もできない。しかし懐疑は、そういう一見あたりまえの前提そのものを疑っていたのだった。

第四章

＊1　「いま私は光を見、騒音を聞き、熱を感じる。これはみな虚偽である、私は眠っているのだから、と言えるかもしれない。けれども私は、確かに見ると思い、聞くと思い、熱を感じると思っているのである。これは虚偽ではありえない」（デカルト『省察』第二省察 A. T., VII, p. 29）。ここに注目する解釈として、たとえばミシェル・アンリ『精神分析の系譜——失われた始源』（法政大学出版局、一九九三年）、第一章。

＊2　『省察』第三省察 A. T., VII, p. 36.

＊3　同上

＊4　同、第六答弁 A. T., VII, p. 432. Pは必然的に必然なのではない（$\neg\Box\Box P$）。必然を表わすオペレーター□が入れ子になって、必然であることの必然性が否定される二重様相になっている。

＊5　これは、非ユークリッド幾何学だと三角形の内角和が二直角に等しくない、などという話とは無関係である（念のため）。どんな体系であろうと、その体系でそうにしかならないのは神がそう欲したがゆえ、なのである。

＊6　同、第三省察 A. T., VII, pp. 37–47.

＊7　同、第三省察 A. T., VII, pp. 48–51.

＊8　同、第五省察 A. T., VII, pp. 65–69.

＊9　同、第三省察 A. T., VII, pp. 51–52.

＊10　ここで現代の哲学者ウィトゲンシュタインを思い出しておくのはいいことだろう。彼は『論理哲学論考』でこんなことを言っていた。「思考し表象するところの主体なるものは存在しない。もしも私が『世界見たまま』と題する書物を書くとしよう。その書物には、当然に、私の身体についても報告がなくてはなるまい。そして、身体のどの部分が私の意志に服従して、どの部分が服従しないか、なども語られねばなるまい。これがすなわち、主体なるものを分離する方法、むしろ、重大な意味において、主体なるものは存在しないことを示す方法である。すなわち、主体についてだけは、この書物の中で論じようがないのである」（ルートヴィヒ・ウィトゲンシュタイン『論理哲学論考』5.631）。「主体は世界に属さない。それは世界の限界である」（同上、5.632）。ここで言われている主体はデカルトの「私」を強く思わせる。遠くからデカルトが目配せしているみたいだ。

第五章

＊1　たとえば、小林道夫『デカルト入門』（ちくま新書、二〇〇六年）、一八六頁。

＊2　デカルト『省察』第六省察 A. T., VII. P. 78. 傍点は私による。

＊3　同、第六省察 A. T., VII, p. 78.

＊4　もとは雑誌 *Fliegende Blätter* に掲載されたものとされる。ごく簡略化すると下のようになる。

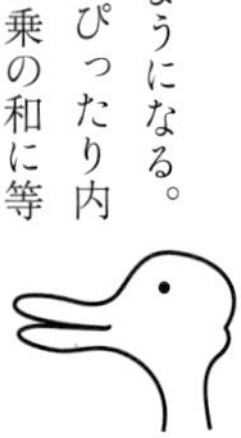

＊5　たとえばアルノーによる反論（『省察』第四反論 A. T., VII, pp. 202-203）。半円にぴったり内接する三角形が直角三角形であるということと、その三角形の斜辺の二乗が他辺の二乗の和に等しいということは、それぞれ一方が他方なしに明晰判明に理解される。だが、そういう性質の一方だけそなえていて他方をそなえていない三角形など存在しない。一方が他方なしに存在することはありえないのである。「一方は他方なしに明晰判明に理解される」ということから実際に一方が他方なしに存在しうるとするデカルトは、同様の誤りを犯していないとどうして言えるのか？　これはこれで手強い反論である。

＊6　『省察』第四答弁 A. T., VII, pp. 227ff. 自分は神の全能によって一方が他方から「分離されうる」と言っているだけで、両者が「実体的に合一している」ことを否定などしていない、むしろちゃんとこれを証明しているのだとデカルトは反論している。

＊7　同、第六省察 A. T., VII, p. 81.

＊8　「心身合一」もご都合主義ではすまない。私がこの身体と結びついていて他の身体と結びついていないのはただの偶然ではないとデカルトは考えていた。その形而上学的な意味についてはここでは踏み込まない。次を参照。上野修「デカルトは矛盾しているか？――心身の実体的区別と合一」（『待兼山論叢』第四六号、二〇一二年）

第六章

＊1　「神ないし自然」の「ないし」は同じことの言い換え程度の意味である。だから「神即自然」とも訳される。有名な言葉だが、スピノザ自身がこの表現を使っているのは四回のみ（『エチカ』第四部の序言で二回、

同じく第四部定理4の証明で二回）である。
＊2　「確実である」（certus esse）は英語の certain と同じように「確信している」という意味合いももっている。
＊3　デカルト『省察』第二答弁 A. T., VII, p. 141.
＊4　同、第三省察 A. T., VII, p. 35.
＊5　スピノザ『エチカ』第二部定理43
＊6　同定理の備考
＊7　一六六〇年頃に執筆されたと推定されている未完草稿。『エチカ』はそのあとに書かれている。
＊8　以上、スピノザ『知性改善論』第三六―三八節、第六九―七一節、第八五節。

第七章

＊1　「エチカ」は倫理学という意味。スピノザはこれを二十代が終わるころに書き始め、三十代のはじめには基礎部分ができ、四十過ぎで完成している。そしてまもなく四十四歳（一六七七年）で亡くなった。その年に出された『遺稿集』に入る形で公刊された。
＊2　スピノザ『エチカ』第一部定義3、定義4
＊3　同部、定理2
＊4　同部、定理5
＊5　同部、定理6
＊6　同部、定理6の系
＊7　同部、定理7、定理8
＊8　同部、定理9、定理10とその備考

＊9　同部、定義6
＊10　同部、定理14
＊11　同部、定理15
＊12　同部、定理16、定理25の系
＊13　同部、「真なる観念はその対象と一致しなければならない」（公理6）
＊14　『エチカ』第二部定理7の備考
＊15　同、第一部定理7　ただしスピノザ自身は「並行」（「平行」と書く人もいる）という言葉を幾何学以外で使ったことはない。「並行論」は研究者たちが勝手に言っているのである。パラレルというのは何か二つの別なものが平行しているというイメージだが、スピノザが言いたいのは正確にはそういうことではない。二つは「同じ一つのもの」だということ、これがポイントである。［補遺　ここに出てくる「思惟属性」「延長属性」はデカルトの用語。それぞれ「考えである」という性質、「三次元の広がりである」という性質のことである。一方は他方なしに考えられ、他方なしに存在しうる。デカルトはこのことが、思惟属性をもつ実体と延長属性をもつ実体が別々の実体である証拠だと考えた。しかし他なしに存在しうる証拠が属性なら、ありとあらゆる属性で実体だとわかる、他をもたない唯一の実体Xを考えない手はない。］

第八章

＊1　スピノザ『エチカ』第二部公理2
＊2　デカルト『省察』第二省察 A. T., VII, p. 28.
＊3　『エチカ』第二部定理19の証明
＊4　ラテン語では affectus esse。しかじかの状態が割り当てられる、というような意味である。

＊5　『エチカ』第二部定理9
＊6　同、第一部定理13、および定理17の備考
＊7　同、第二部定義7、および補助定理3のあとの個体の定義
＊8　同、第二部定理19の証明
＊9　同、第二部定理20から29

第九章

＊1　デカルト『省察』第二答弁 A. T., VII, p. 160.
＊2　スピノザ『エチカ』第二部定理11の系
＊3　ジャック・ラカン『精神分析の四基本概念』（小出浩之・鈴木国文・新宮一成・小川豊昭訳、岩波書店、二〇〇〇年）、六五頁。訳は少し変えてある。
＊4　『エチカ』第一部定理28の証明、定理29の系
＊5　同、第三部定理2の備考
＊6　同上
＊7　同上
＊8　『エチカ』第三部序言　原語は imperium in imperio。インペリウムとは国家の命令権、統治権のことである。
＊9　カール・ヤスパース『スピノザ』（ヤスパース選集23、工藤喜作訳、理想社、一九六七年）、八一頁

第十章

＊1　スピノザ『エチカ』第四部付録第32項

＊2　同、第五部定理23
＊3　デカルト『省察』第二答弁 A. T., VII, p. 159.
＊4　本来「定理」は theorema の訳だが、『エチカ』は一度もこの語を用いていない。みな「命題」propositio である。『エチカ』が手本にしているユークリッドの『原論』の伝統からすれば、「定理」theorema は命題の中でも特に、証明される図形の性質を述べるものに限られる。
＊5　『エチカ』第一部定理13
＊6　証明は次のとおり。絶対に無限な実体は分割されない。「なぜなら、もし分割されるとすれば、分割された部分は絶対に無限な実体の本性を保持するか保持しないかであろう。第一の場合なら、同じ本性を有する多数の実体が存在することになるであろう。これは（定理5により）不条理である。第二の場合には、絶対に無限な実体は（上に述べたように）存在することをやめうることになり、これもまた（定理11により）不条理である」（『エチカ』第一部定理13の証明）。「絶対に無限な実体」はもちろんスピノザの神のことである。大事なのは、神だから分割されない、というのではなく、先行する諸定理に背理するから分割されない、という証明になっていることだ。神についての正しい記述ではない。神かもしれない対象を、徐々に、証明的に構成しているのである。
＊7　『エチカ』第二部定理43
＊8　同部、定理43の証明　無限知性の一部がわれわれの思考を構成するという議論は本書の第二章三節を見ていただきたい。
＊9　同、第五部定理23
＊10　同部、定理31
＊11　同部、定理23の備考　明らかにスピノザは証明経験を永遠経験と考えている。「〔……〕とはいえ、われわ

れが身体以前に自分が存在していたと想起するようなことは起こりえない。というのも、そういうことの痕跡が身体に与えられることはできないし、また永遠性は時間で定義されえず、時間とは何の関係も持つことができないからである。ところが、にもかかわらず、われわれは自分が永遠であることを感じ、かつ経験する。なぜなら、精神は記憶にあるものを感じるのにおとらず、自分が理解しつつ考えているその事物を感じるからである。じっさい、事物を見、かつ観察する精神の眼は証明そのものなのだから」

＊12　同、第二部定理44の系1、系2

＊13　同、第一部定理29

＊14　同、第四部付録第32項　『エチカ』第四部を飾るフレーズである。引用しておこう。「〔……〕なぜなら、われわれは理解するかぎり、必然的なもの以外の何ものも欲求しえず、要するに真なるものにしか満足しえないからである。こうしてわれわれ自身のよりよき部分の努力は、そうした真なるものを正しく理解するその限りで、全自然の秩序に一致する」

＊15　同、第五部定理32の系

第十一章

＊1　アントニオ・ネグリのこと。『野生のアノマリー——スピノザにおける力能と権力』（杉村昌昭・信友建志訳、作品社、二〇〇八年）で知られる。上野修「スピノザの群集概念にみる転覆性について」（『思想』第一〇二四号、一〇二―一一六頁、二〇〇九年）をご覧いただきたい。〔補遺　上野修『スピノザ考——人間ならざる思考へ』（青土社、二〇二四年）第15章に再録〕

＊2　ピエール・ベールによるネーミングである。

＊3　リュカス／コレルス『スピノザの生涯と精神』（渡辺義雄訳、学樹書院、一九九六年）をご覧になるとよい。

＊4　スピノザ『エチカ』第四部付録第13項「術策と用心」の原語は ars et vigilantia。ars はテクニック、vigilantia は油断なく警戒を怠らないという意味である。
＊5　同付録第12―15項
＊6　同部定理18の備考
＊7　同部定理22の系
＊8　同部定理35の系2
＊9　同部定理71
＊10　同部定理37の備考2
＊11　同上
＊12『神学政治論』は一六七〇年に世に出て無神論スキャンダルを引き起こした。『政治論』は著者の死によって未完。一六七七年に『遺稿集』に収められて出る。
＊13　以上、スピノザ『神学政治論』第一四章。詳しくは上野修『スピノザ――「無神論者」は宗教を肯定できるか』(シリーズ・哲学のエッセンス、NHK出版、二〇〇六年)、および「スピノザと敬虔の文法」(上野修『デカルト、ホッブズ、スピノザ――哲学する十七世紀』講談社学術文庫、二〇一一年)をご覧いただきたい。[補遺　前者は上野修『スピノザ『神学政治論』を読む』(ちくま学芸文庫、二〇一四/二〇二二年)第I部に再録]

第十二章

＊1　スピノザ『エチカ』第四部定理37の備考2
＊2　スピノザ『政治論』第二章第23節

＊3　『市民論』のほうはしばらく邦訳がなかったが、今は二つある。本書巻末の文献案内を参照。
＊4　ホッブズ『市民論』序文
＊5　『政治論』第一章第1節
＊6　同、第5節
＊7　ホッブズ『物体論』第一章第9節
＊8　『政治論』第四章第4節

第十三章

＊1　デカルト『省察』第三反論 A. T., VII, p. 173.
＊2　「ホッブズの自然科学研究を無視することはできないとしても、それをもって、ホッブズ政治思想解釈の中核にもち込むことにはいささか無理があるのではないだろうか」（田中浩『ホッブズ』清水書院、二〇〇六年、一〇八頁）
＊3　ホッブズ『リヴァイアサン』第一三章「そうした戦争の不都合」
＊4　ホッブズ『物体論』第一章第8、9節
＊5　ラテン語では scientia。「学知」と訳すべきかもしれないが、英語で書かれた『リヴァイアサン』では文字通り science である。
＊6　『物体論』第三章第9―12節、第四章第13節
＊7　同、第六章第10節
＊8　以上、同、第六章第1節、第一章第8節
＊9　同、第一章第2節

＊10　同、第三章第20節
＊11　同、第一章第5節
＊12　同、第一章第6、7節
＊13　『リヴァイアサン』序文

第十四章

＊1　ホッブズ『自由と必然について』モールズワース版英語著作集、第四巻、二五一頁
＊2　以上、ホッブズ『リヴァイアサン』第六章「生命運動と動物的運動」
＊3　以上、ホッブズ『人間本性』第一二章第1、2節
＊4　『自由と必然について』モールズワース版英語著作集、第四巻、二六八―二六九頁
＊5　同、二七五頁
＊6　ホッブズ『物体論』第三章第7、8節

第十五章

＊1　ホッブズ『リヴァイアサン』第一四章「動物との信約はない」、「権利の放棄ないし譲渡とは何か――義務・責務・正義」
＊2　同上
＊3　同、第七章「学知・憶見・良心」
＊4　同、第一五章「自然法は良心において常に義務づける」
＊5　同、第一三章「平等から不信が生まれる」、「不信から戦争が」

＊6　同、第一四章「自然法とは何か」
＊7　同、第一七章「国家の発生」
＊8　同、第一八章「四　主権者の為すことは臣民によって正当に非難されえない」

第十六章

＊1　ホッブズ『リヴァイアサン』、第一五章「正と不正とは何か」
＊2　同、第一八章「国家設立の行為とは何か」、「何びとも不正なしには、多数派によって宣言された主権者の設立に反対できない」
＊3　同、第一四章「契約のしるしは過去・現在・未来にかかわる言葉である」
＊4　ホッブズ『市民論』第二章第16節
＊5　「そして彼が集会の中にいたかどうか、あるいは同意を求められたかどうかにかかわらず、彼は多数派の命令に服するか、それとも以前どおり戦争状態の中に取り残されるか、そのいずれかでなければならない。戦争状態においてはしかし、だれに破壊されようと不当とは言えないのではあるが」(『リヴァイアサン』第一八章)。ここで「彼」と言われているのは自分の意志で設立集会に入ってきたとされているその人のことである。何という圧縮!
＊6　『リヴァイアサン』第二六章「立法者が知られえないところに法はない」

第十七章

＊1　本書の第二章六節。マキャベリの名はスピノザ『政治論』第五章第7節に見られる。
＊2　原語は「設立による国家」(civitas institutiva/commonwealth by institution)、「獲得による国家」(civi-

tas acquisita/commonwealth by acquisition)。ホッブズ『リヴァイアサン』第二〇章、およびホッブズ『市民論』第八章第1節、第九章第2節、第7節、第9節

＊3　ホッブズ『物体論』第三章第7節

＊4　本書の第二章二節

＊5　『政治論』第二章第16節

＊6　同、第17節

＊7　本書の第二章四節

＊8　『政治論』第三章第3節　Jus にかかっている naturale は形容詞、Naturae のほうは名詞 Natura の属格、つまり所有格である。

＊9　同、第四章第4節、第6節、第六章第2節

＊10　スピノザ『神学政治論』第一二章、および上野修『デカルト、ホッブズ、スピノザ——哲学する十七世紀』(講談社学術文庫、二〇一一年)、一一七—一二〇頁

＊11　『政治論』第四章第5節　国家は自らに対する国民の恐れや畏敬を維持するよう義務づけられる。さもなくば服従を失うからである。こういう事柄は「国法にもとづいては正当化はされえず、むしろ戦争の法＝戦争権（Jus belli）にもとづいてこそ正当化されうる」とスピノザは言う。それは「自然状態における人間が自己の権利のもとにあって自らに敵対すまいとすれば自己を滅ぼさぬ用心へと義務付けられる、というのとまったく同じ理由からにすぎない」。ちなみに、「神的な暴力」は『暴力批判論』のベンヤミンの言葉。

＊12　『政治論』第六章第3部、第一〇章第8節

＊13　マルクスに先立つこと二百年前、ただ一人イデオロギーを「完璧に説明していた」人間がいた。それはスピノザだとアルチュセールは言っていた（Louis Althusser, "Idéologie et appareils idéologiques d'État," in

Positions, Éditions sociales, 1976)。詳しくは、上野修「アルチュセールとスピノザ」（『現代思想』一九九八年一二月号、二一三―二二一頁）。〔補遺　上野修『スピノザ『神学政治論』を読む』（ちくま学芸文庫、二〇一四／二〇二二年）第Ⅲ部第1章に再録〕

第十八章

＊1　本書の序章

＊2　本書の第一章三節、第一章五節

＊3　デカルト『省察』第四省察 A. T., VII, p. 55.

＊4　スピノザ『エチカ』第一部定理33

＊5　ホッブズ『リヴァイアサン』第一四章「権利と法の違い」「ユス」の両義性とホッブズの特異性については、A・P・ダントレーヴ『自然法』（久保正幡訳、岩波書店、一九五二／二〇〇六年）、八七―八九頁。

＊6　ライプニッツ『弁神論』第七部

第十九章

＊1　フーシェ・ド・カレイユ版、一七八頁

＊2　同、一八一頁

＊3　ライプニッツ『弁神論』第一七三節

＊4　スピノザ『エチカ』第一部付録

＊5　ライプニッツ「改善について」ゲルハルト版、第四巻、四六九頁

＊6　同上

＊7　ライプニッツ「原理について」クーチュラ版、一八三頁
＊8　ライプニッツ『モナドロジー』第三三節
＊9　同、第三二節

第二十章

＊1　スピノザ『エチカ』第一部定理20、定理25の備考
＊2　ライプニッツ・アルノー往復書簡
＊3　同上
＊4　同一の個体が複数の可能世界にわたって存在するとは一体どういうことか。可能世界意味論を解釈する際に持ち上がる「貫世界同一性」という問題である。チザムによれば、もし同一個体が複数の可能世界に存在しているとなると困ったことが起こる。この世界W_1のアダムとノアのそれぞれの特性をわずかずつ変更しながら次々と可能世界をたどっていく。そしてついに、アダムとノアの特性がすっかり入れ替わった可能世界W_nに到達する。W_nはW_1とそっくりの世界で、アダムがノアになりノアがアダムになっている。それでもノアとしか思えないアダムがアダムであり、アダムとしか思えないノアがノアであると言い張るには、個体はどの世界でも同一本質を保持するとするしかない。もしそうなら、いかなるxもすべての可能世界に存在することになり、かくてあらゆるものが必然的な存在者だ、ということになってしまう。これに対してはデイヴィッド・ルイスのように、別な世界の個体はこの世界の個体によく似た分身のようなものだと応じる手がある。つまり、もろもろの可能世界にまたがって存在するメレオロジカルな総体としての個体を考えるのである。ライプニッツの「無数のアダム」はこれを思い出させる。しかしそれはいったいだれなのか？　今の議論は次の論文で読める。R. M. Chisholm, "Identity through Possible Worlds" および、David Lewis, "Coun-

terparts or Double Lives?" いずれも *Metaphysics, an anthology*, ed. by J. Kim and E. Sosa, Blackwell, 1999 に入っている。

＊5 フーシェ・ド・カレイユ版、一八二頁

＊6 ライプニッツ『形而上学叙説』第八節

＊7 フーシェ・ド・カレイユ版、一八二頁

＊8 『形而上学叙説』第九節

＊9 同上

＊10 同上

第二十一章

＊1 ライプニッツ『モナドロジー』第五三―五五節

＊2 ライプニッツのこの『モナドロジー』が書かれたのは一七一四年。それからほぼ四十年後の一七五五年一一月、リスボン大地震が襲う。フランス啓蒙主義のヴォルテールはただちに『リスボンの大震災に関する詩篇、または「すべては善である」という公理の検討』を執筆、ライプニッツ流の「楽観主義」を糾弾した。

＊3 ライプニッツ『弁神論』第四一四―四一六節

＊4 デイヴィッド・ルイスはすべての可能世界が等しく実在すると考える。「現実」はその世界の話し手が自分の世界に関して語る際に用いる指標詞にすぎない。David Lewis, "Possible Worlds," from *Counterfactuals*, Harvard University Press, 1973, pp. 84-91; reprinted in *The Possible and the Actual: Readings in the Metaphysics of Modality*, ed. by Michael J. Loux, Cornell University Press, 1979, pp. 182-189.

＊5 ライプニッツ『形而上学叙説』第八節

＊6　『弁神論』第八節
＊7　ライプニッツ『諸事物の根本的起源』ゲルハルト版、第七巻、三〇三頁
＊8　グリュア版、第一巻、三〇一—三〇二頁
＊9　『形而上学叙説』第三〇節

第二十二章

＊1　デカルト『哲学原理』第二部第二〇節
＊2　デカルト『省察』梗概
＊3　ライプニッツ『モナドロジー』第一—三節
＊4　グリュア版、第二巻、五五三頁
＊5　デ・フォルダー宛書簡、一七〇四年六月三〇日付
＊6　『モナドロジー』第六五節
＊7　同、第六六節
＊8　同、第六二節
＊9　同、第六七節
＊10　「というわけで、こうした「実在的な単位」を見つけるために私は一種の形相的な原子に訴えざるをえなかったのである。なぜなら物質的な存在は物質的でありつつ同時に完全に不可分割的であることはできないし真の単位を具《そな》えていることもできないからである。こうして今日かくも誹謗の対象となっている「実体形相」を呼び戻し復帰させねばならなかったのである。ただし実体形相を理解可能なものにし、かつての濫用からしかるべき用い方を区別するような仕方によってではあるが」（ライプニッツ『新体系』ゲルハルト版、

第四巻、四七八頁）

第二十三章

＊1　ライプニッツ『弁神論』第三三節
＊2　ライプニッツ『形而上学叙説』第三〇節
＊3　同上、第一三節
＊4　コスト宛書簡、一七〇七年一二月一九日付
＊5　ライプニッツ『モナドロジー』第一五節
＊6　グリュア版、第二巻、五五三頁
＊7　本書の第四章三節
＊8　コスト宛書簡、一七〇七年一二月一九日付
＊9　『モナドロジー』第三六節
＊10　ライプニッツ『人間知性新論』（*Nouveaux essais sur l'entendement humain*, 1705）第二巻第二一章第39節

終　章

＊1　ライプニッツ『モナドロジー』第三七節
＊2　同、第五六節
＊3　同、第一節
＊4　同、第八七節
＊5　本書の第一章三節

＊6　デカルト『世界論』第七章 A. T., XI, pp. 48ff.
＊7　本書の第一章四節
＊8　「ただ意志だけは、すなわち意志の自由だけは別であって、私の経験するところ、これは私においてきわめて大きく、もはやこれ以上に大きな意志というものをほかに考えることができないほどである。したがって、私が神のある形象と似姿を宿していることを理解するのは、主として意志の点からである。〔……〕それ自身において形相的に、かつ厳格に見るならば、意志は、神においてのほうが私におけるよりも大きいとは思われない」（デカルト『省察』第四省察 A. T., VII, p. 57）
＊9　本書の第二章二節
＊10　本書の第二章三節
＊11　ジル・ドゥルーズ『スピノザ――実践の哲学』第六章を参照。
＊12　本書の第二章五節
＊13　本書の第三章四節、ホッブズ『リヴァイアサン』第一六章
＊14　グリュア版、第一巻三〇一―三〇二頁
＊15　たとえば『モナドロジー』第八四―八六節

本書の内容の一部は科研費「近現代哲学の虚軸としてのスピノザ」（22320007）の助成を受けたものである。

文献案内

あげるときりがないが、本書の執筆にあたって参照したものから日本語で読めるものをいくつか。

【デカルト関係】

デカルトのテキストは次のもので読める。

・『デカルト著作集』(全四巻)、所雄章ほか訳、白水社、一九七三年

・『世界の名著22　デカルト』野田又夫編、中央公論社、一九六七年(中央公論新社、中公クラシックスの『デカルト　方法序説ほか』、『デカルト　省察・情念論』に再録。)

[補遺　デカルトは文庫でも読める。『方法序説』は岩波文庫(谷川多佳子訳)、ちくま学芸文庫(山田弘明訳)、講談社学術文庫(小泉義之訳)の三つの新訳が出ている(ただし小泉訳のタイトルは『方法叙説』)。『情念論』も岩波文庫の新訳(谷川多佳子訳)で読めるし、ちくま学芸文庫では『省察』と『哲学原理』の新訳(山田弘明訳)も出ている。ただ『省察』付録の反論と答弁は著作集でしか読めない。また岩波文庫の『精神指導の規則』(野田又夫訳)も便利。]

入門書としては、

・野田又夫『デカルト』(岩波新書)、岩波書店、一九六六年

・小林道夫『デカルト入門』(ちくま新書)、筑摩書房、二〇〇六年

研究のための参考として、
・所雄章『デカルト Ⅰ・Ⅱ』勁草書房、一九九六年（第一巻は伝記篇、第二巻は思想篇になっている。）
・村上勝三『デカルト形而上学の成立』（講談社学術文庫）、講談社、二〇一二年
・デカルト研究会編『現代デカルト論集 Ⅰ・Ⅱ・Ⅲ』勁草書房、一九九六年（フランス篇、英米篇、日本篇の三巻からなる重要論文のアンソロジー。大変便利。）
・野田又夫監修、湯川佳一郎・小林道夫編『デカルト読本』、法政大学出版局、一九九八年（生誕四〇〇年を期した論集。）

【スピノザ関係】

スピノザのテキストはほぼすべて岩波文庫に入っている。
・『エチカ』（岩波文庫、上・下巻）、畠中尚志訳、岩波書店、一九五一年
・『知性改善論』（岩波文庫）、畠中尚志訳、岩波書店、一九六八年
・『神・人間及び人間の幸福に関する短論文』（岩波文庫）、畠中尚志訳、岩波書店、一九五五年
・『デカルトの哲学原理』（岩波文庫）、畠中尚志訳、岩波書店、一九五九年
・『神学・政治論』（岩波文庫、上・下巻）、畠中尚志訳、岩波書店、一九四四年
・『国家論』（岩波文庫）、畠中尚志訳、岩波書店、一九四〇／一九七六年（本書では『政治論』と呼んでいる。）
・『スピノザ往復書簡集』（岩波文庫）、畠中尚志訳、岩波書店、一九五八年
ほかに、
・『エティカ』（中公クラシックス）、工藤喜作・斎藤博訳、中央公論新社、二〇〇七年

・『スピノザ　エチカ抄』（大人の本棚）、佐藤一郎編訳、みすず書房、二〇〇七年（タイトルにあるように抄訳である。）

［補遺　『知性改善論／神、人間とそのさいわいについての短論文』（佐藤一郎訳、みすず書房、二〇一八年）を加える。文庫で読める新訳として、光文社古典新訳文庫の『神学・政治論』（上・下巻、吉田量彦訳）、講談社学術文庫の『知性改善論』（秋保亘訳）が出た。なお岩波書店から『スピノザ全集』全六巻（上野修・鈴木泉編）が刊行中だが、完結すればスピノザの全著作を網羅する日本語版全集となる。］

入門書としては、

・上野修『スピノザの世界――神あるいは自然』（講談社現代新書）、講談社、二〇〇五年（『エチカ』の入門。）

・上野修『スピノザ――「無神論者」は宗教を肯定できるか』（哲学のエッセンス）、NHK出版、二〇〇六年（『神学政治論』の入門。）

・ピエール＝フランソワ・モロー『スピノザ入門』（文庫クセジュ）、松田克進・樋口善郎訳、白水社、二〇〇八年（スピノザの生涯と思想をバランスよく紹介。）

・ジル・ドゥルーズ『スピノザ――実践の哲学』（平凡社ライブラリー）、鈴木雅大訳、平凡社、二〇〇二年

［補遺　國分功一郎『スピノザ――読む人の肖像』（岩波新書）、吉田量彦『スピノザ――人間の自由の哲学』（講談社現代新書）がこれに加わる。］

研究のための参考として主なものをあげると、

・河井徳治『スピノザ哲学論攷――自然の生命的統一について』創文社、一九九四年

・工藤喜作・桜井直文編『スピノザと政治的なもの』平凡社、一九九五年（日本で開かれた同名の国際シンポジ

ウムをもとに編まれた論集。）
・柴田寿子『スピノザの政治思想――デモクラシーのもうひとつの可能性』未來社、二〇〇〇年
・佐藤一郎『個と無限――スピノザ雑考』風行社、二〇〇四年
・松田克進『スピノザの形而上学』（広島修道大学学術選書）、昭和堂、二〇〇九年
・上野修『デカルト、ホッブズ、スピノザ――哲学する十七世紀』（講談社学術文庫）、講談社、二〇一一年（一九九九年刊『精神の眼は論証そのもの』の文庫化。）
［補遺　上野修『スピノザ『神学政治論』を読む』（ちくま学芸文庫、二〇一四／二〇二二年）、および上野修『スピノザ考――人間ならざる思考へ』（青土社、二〇二四年）を加える。］

若手の研究として、
・國分功一郎『スピノザの方法』みすず書房、二〇一一年
・朝倉友海『概念と個別性――スピノザ哲学研究』東信堂、二〇一二年
［補遺　加えて、秋保亘『スピノザ――力の存在論と生の哲学』（法政大学出版局、二〇一九年）、木島泰造『スピノザの自然主義プログラム――自由意志も目的論もない力の形而上学』（春秋社、二〇二一年）。］

評伝としては、
・リュカス／コレルス『スピノザの生涯と精神』渡辺義雄訳、学樹書院、一九九六年（スピノザに関する同時代人たちの貴重な証言。ただし所収のファン・ローン「レンブラントの生涯と時代」は後代の創作とみられるので注意。）
・スティーヴン・ナドラー『スピノザ――ある哲学者の人生』有木宏二訳、人文書館、二〇一二年（実証的で、とても詳しい。）

【ホッブズ関係】

ホッブズの主要著作は次のもので読める。

・『リヴァイアサン』(岩波文庫、全四巻)、水田洋訳、岩波書店、一九五四―一九八五年
・『ホッブズ：リヴァイアサン』(世界の大思想13)、水田洋・田中浩訳、河出書房新社、一九六六年
・『リヴァイアサン』(中公クラシックス、全二巻)、永井道雄・上田邦義訳、中央公論新社、二〇〇九年(ただし、後半のいくつかの章は要約になっている。)
・『市民論』本田裕志訳、京都大学学術出版会、二〇〇八年
・『人間論』本田裕志訳、京都大学学術出版会、二〇一二年
・『哲学原論／自然法および国家法の原理』伊藤宏之・渡部秀和訳、柏書房、二〇一二年(ホッブズ三部作の「物体論」・「人間論」・「市民論」を一つにした『哲学原論』の全訳。分厚い。)

［補遺 『リヴァイアサン』は新訳(加藤節訳)がちくま学芸文庫(上・下巻)で出ている。］

哲学から見た入門は多くないが、すぐれたものとして、

・伊豆藏好美「I　ホッブズ」、小林道夫責任編集『哲学の歴史 第五巻 デカルト革命』、中央公論新社、二〇〇七年、所収

研究のための参考として、

・岸畑豊『ホッブズ哲学の諸問題』創文社、一九七四年
・リチャード・タック『トマス・ホッブズ』田中浩・重森臣広訳、未來社、一九九五年
・J・W・N・ワトキンス『ホッブズ――その思想体系』田中浩・高野清弘訳、未來社、一九八八年

・川添美央子『ホッブズ——人為と自然』創文社、二〇一〇年（『自由と必然について』を詳しく扱っている。）

その他、ホッブズの政治思想的研究の参考として、

・田中浩『ホッブズ』（Century Books 人と思想）、清水書院、二〇〇六年

・梅田百合香『甦るリヴァイアサン』（講談社選書メチエ）、講談社、二〇一〇年（現代におけるホッブズの意義について考察。）

【ライプニッツ関係】

ライプニッツのテキストは次のもので読める。

・『ライプニッツ著作集』（全一〇巻）、下村寅太郎・山本信・中村幸四郎・原亮吉監修、工作舎、一九八八―一九九九年

［補遺『ライプニッツ著作集』は加えて第Ⅱ期（全三巻）が出た。書簡、神学、法学、歴史学、技術論を集めている。］

ほかに、

・『モナドロジー・形而上学叙説』（中公クラシックス）、清水富雄・飯塚勝久・竹田篤司訳、中央公論新社、二〇〇五年

・『形而上学叙説——ライプニッツ‐アルノー往復書簡』（平凡社ライブラリー）、橋本由美子・秋保亘・大矢宗太朗訳、平凡社、二〇一三年

入門書としては、

・酒井潔・佐々木能章編『ライプニッツを学ぶ人のために』世界思想社、二〇〇九年（哲学思想編と資料編を完備していて便利。）
・酒井潔『ライプニッツ』（Century Books 人と思想）、清水書院、二〇〇八年（評伝を兼ねている。）
・ルネ・ブーヴレス『ライプニッツ』（文庫クセジュ）、橋本由美子訳、白水社、一九九六年

研究のための参考として、
・下村寅太郎『ライプニッツ』弘文堂、一九三八年（『下村寅太郎著作集 7』みすず書房、一九八九年に再録。）
・石黒ひで『ライプニッツの哲学――論理と言語を中心に』（増補改訂版）、岩波書店、二〇〇三年
・ジル・ドゥルーズ『襞――ライプニッツとバロック』宇野邦一訳、河出書房新社、一九九八年
・酒井潔・長綱啓典・佐々木能章編『ライプニッツ読本』法政大学出版局、二〇一二年（多様な角度からの論集。）
［補遺 読み物として、マシュー・スチュアート『宮廷人と異端者――ライプニッツとスピノザ、そして近代における神』（桜井直文・朝倉友海訳、書肆心水、二〇一一年）がスピノザとの絡みを描いていて面白い。］

ライプニッツの評伝としては、
・E・J・エイトン『ライプニッツの普遍計画――バロックの天才の生涯』渡辺正雄ほか訳、工作舎、一九九〇年（科学史的観点からライプニッツの八面六臂の活躍を描く。）

最後に、執筆にあたって参照した欧文文献のうち、いくつか面白かったのをランダムに。
・Joseph Almog, *What Am I?: Descartes and the Mind-Body Problem*, Oxford University Press, 2002.（デカルト

の心身問題への現代的なアプローチ。）
・Martial Gueroult, *Spinoza [2 Vol.] : 1. Dieu (Ethique, 1); 2. L'Ame (Ethique, 2)*, Aubier-Montaigne, 1968–1974.（『エチカ』を読むための座右の注釈書。）
・Yves Charles Zarka, *La décision métaphysique de Hobbes: conditions de la politique*, Vrin, 1987.（ホッブズ哲学を徹底した人為の形而上学として描いていて面白い。）
・Jonathan Bennett, *Learning from Six Philosophers: Descartes, Spinoza, Leibniz, Locke, Berkeley, Hume*, 2 vols, Oxford University Press, 2001.（問題群を軸にした近世哲学の比較研究。いろいろな連関が見えてくる。）
・*New Essays on the Rationalists*, ed. by R. J. Gennaro, Ch. Huenemann, Oxford, 1999.（十七世紀合理主義哲学をめぐるホットな論集。）
・*Oxford Studies in Early Modern Philosophy*, Volume 1–, Clarendon Press, 2003–.（近世哲学論集。D. Garberが編集の中心になって出しているシリーズ。二〇〇三年に第一巻、二〇一三年現在で第六巻まで出ている。）
・Elhanan Yakira, *Contrainte, nécessité, choix: la métaphysique de la liberté chez Spinoza et chez Leibniz*, Editions du Grand Midi, 1989.（様相から見たスピノザとライプニッツの比較研究。）
・Mogens Laerke, *Leibniz lecteur de Spinoza, La genèse d'une opposition complexe*, Honoré Champion, 2008.（ライプニッツがいかにスピノザとの対決を通じて思想形成していったかを実証的に追う。）

まだまだあるけれど、ひとまずここで。あとはそれぞれの文献が言及している文献の言及している文献……と芋づる式に見つかるであろう。

原著あとがき

十七世紀は巨人たちが遊び散らかしていったワンダーランドのようなものだ。アリスのあの不思議の国の住人たちのように、四人の哲学者はそれぞれ妙なことを言う。「身体がなくても私はある」だとか「事物に変状している神」だとか、あるいは「リヴァイアサンの生成」とか「無数のアダム」とか。それが合理主義哲学だったというのだから、哲学史は面白い。ただ、ワンダーランドに通じる穴をうまく見つけるにはそれなりのコツを要する。本書がなにがしかの役に立てればと思う。

本書は講談社の月刊PR誌『本』に、二〇一〇年七月から二〇一二年七月にかけて「様相の十七世紀――哲学史のワンダーランド」として連載したものをもとにしている。単行本にするにあたって註を付け、本文も若干の手直しをおこなった。思うに、この種の媒体で哲学の話を二十五回も、それも巻頭に連載させてくれるところはあまりないのではないか。講談社の『本』そのものがワンダーである。編集の上田哲之さんには毎月ハラハラさせどおしだった。本書にまとめることができたのも氏のおかげである。この場を借りて感謝したい。

二〇一三年九月

上野　修

改版あとがき

原著は講談社から二〇一三年に単行本として出され、ここしばらくは電子書籍でないと手に入りにくくなっていた。それを見かねたNHK出版の倉園哲さんのおかげで今回復刊、いや正確には改版という形でふたたび世に出る運びとなった。それも奇遇と言うべきなのだが、本書はまた別な意味でも、私の書いたものの中で稀有な本である。研究論文はもちろん専門的で、まとめるときは論集となる。他方一般読者を念頭において書かれたエッセー的なものは、たいてい単発で短い。かといって新書となると、それなりの長さはあるがたくさんの内容を扱うことはできない。というわけで、内容的には専門的で、しかもだれでも読めるエッセーで、かつデカルト・スピノザ・ホッブズ・ライプニッツという近世哲学の全体を俯瞰するスケールで書く、などというようなことは、ふつうなかなかかなわない話なのである。そのまことに稀有な機会を与えられてこの本は可能となった。すなわち原著のあとがきにあるように、月刊PR誌の連載二十五回分をまとめてできたのが本書で、連載一回分がちょうど一つの章にあたる。そのため序章と終章を含めて二十五章、三部構成というガタイの大きい本に見える。しかし一章、一章は、連続紙芝居の一話分という呼吸で書かれたものである。そのようなリズムで読んでいただければと思う。

改版に際しては、語彙や表現の若干の修正、註と文献案内のアップデートを加え、著作索引を付した。内容的には原著と同一である。

二〇二四年九月

上野　修

『エチカ』（『幾何学的秩序で証明された倫理学』）*Ethica ordine geometrico demonstrata* …………………… 13, 15, 74, 78–81, 86, 88, 89, 92, 98, 100, 107–110, 112–114, 116, 119, 126, 127, 195, 254–260, 265, 266, 272, 273, 278
『政治論』*Tractatus politicus* …………………… 116, 120, 127, 131, 174, 179, 260, 261, 263, 264, 272

ホッブズ

『物体論』*De Corpore* …………………… 139, 261, 262, 264, 275
『人間本性』*Human Nature* …………………… 147, 262
『市民論』*De Cive* …………………… 129, 139, 169, 261, 263, 264, 275
『リヴァイアサン』*Leviathan* …………………… 16, 128, 129, 139, 142, 147, 157, 164, 172, 261–265, 270, 275
『自由と必然について』*Of Liberty and Necessity* ………… 146, 262, 276

ライプニッツ

『形而上学叙説』*Discours de métaphysique* ………… 206, 267, 269, 276
『諸事物の根本的起源』*De rerum originatione radicali* ………… 268
『人間知性新論』*Nouveaux essais sur l'entendement humain* …… 269
『弁神論』*Essais de théodicée* …………………… 211, 249, 265, 267–269
『モナドロジー』*Monadologie* …………………… 209, 221, 234, 266–270, 276

著作索引

各哲学者の項目内において、著作は推定される執筆時期の順に並べた。

デカルト

『精神指導の規則』*Regulae ad directionem ingenii* …… 28, 30, 250, 271

『世界論』*Le monde* …… 67, 270

『方法序説』*Discours de la méthode* …… 13, 23-25, 28, 30, 32, 43, 240, 249-251, 271

『省察』*Meditationes de prima philosophia* …… 13, 32, 33, 43, 49, 60, 109, 251-258, 261, 265, 268, 270, 271

『哲学原理』*Principia philosophiae* …… 23, 43, 250, 251, 268, 271

スピノザ

『知性改善論』*Tractatus de intellectus emendatione* …… 76, 111, 255, 272, 273

『デカルトの哲学原理』*Renati Des Cartes Principiorum Philosohiae* …… 70, 252, 272

『神学政治論』*Tractatus theologico-politicus* …… 116, 120-122, 126, 127, 135, 260, 264, 273

本書は二〇一三年に講談社から刊行された『哲学者たちのワンダーランド——様相の十七世紀』の復刊です。復刊にあたって若干の修正とアップデートを行い、新たに著作索引を付しました。（編集部）

上野 修（うえの・おさむ）
大阪大学名誉教授。1951年、京都府生まれ。国際基督教大学教養学部卒業、大阪大学大学院文学研究科哲学・哲学史博士課程単位取得退学。山口大学教授、大阪大学教授などを歴任。専門は西洋近世哲学、哲学史。
著書に『スピノザの世界――神あるいは自然』（講談社現代新書）、『スピノザ――「無神論者」は宗教を肯定できるか』（NHK出版）、『デカルト、ホッブズ、スピノザ――哲学する十七世紀』（講談社学術文庫。学樹書院刊『精神の眼は論証そのもの』の文庫化）、『スピノザ『神学政治論』を読む』（ちくま学芸文庫）、『スピノザ考――人間ならざる思考へ』（青土社）、『哲学史入門Ⅱ――デカルトからカント、ヘーゲルまで』（共著、NHK出版新書）など。訳書にスピノザ全集3『エチカ』、同全集4『政治論』、同全集5『神、そして人間とその幸福についての短論文』（岩波書店）など。

NHK BOOKS 1291

哲学者たちのワンダーランド［改版］
デカルト・スピノザ・ホッブズ・ライプニッツ

2024年10月25日 第1刷発行

著　者　上野 修
発行者　江口貴之
発行所　NHK出版
東京都渋谷区宇田川町10-3　郵便番号150-0042
電話 0570-009-321（問い合わせ）　0570-000-321（注文）
ホームページ　https://www.nhk-book.co.jp
装幀者　水戸部 功
印　刷　三秀舎・近代美術
製　本　三森製本所

Printed in Japan　ISBN978-4-14-091291-1 C1310

NHK BOOKS

＊宗教・哲学・思想

仏像［完全版］―心とかたち― 望月信成／佐和隆研／梅原 猛
原始仏教―その思想と生活― 中村 元
がんばれ仏教！―お寺ルネサンスの時代― 上田紀行
目覚めよ仏教！―ダライ・ラマとの対話― 上田紀行
現象学入門 竹田青嗣
哲学とは何か 竹田青嗣
東京から考える―格差・郊外・ナショナリズム― 東 浩紀／北田暁大
ジンメル・つながりの哲学 菅野 仁
科学哲学の冒険―サイエンスの目的と方法をさぐる― 戸田山和久
集中講義！日本の現代思想―ポストモダンとは何だったのか― 仲正昌樹
哲学ディベート―〈倫理〉を〈論理〉する― 高橋昌一郎
カント 信じるための哲学―「わたし」から「世界」を考える― 石川輝吉
道元の思想―大乗仏教の真髄を読み解く― 頼住光子
詩歌と戦争―白秋と民衆、総力戦への「道」― 中野敏男
ほんとうの構造主義―言語・権力・主体― 出口 顯
「自由」はいかに可能か―社会構想のための哲学― 苫野一徳
イスラームの深層―「遍在する神」とは何か― 鎌田 繁
マルクス思想の核心―21世紀の社会理論のために― 鈴木 直
カント哲学の核心―『プロレゴーメナ』から読み解く― 御子柴善之
戦後「社会科学」の思想―丸山眞男から新保守主義まで― 森 政稔
はじめてのウィトゲンシュタイン 古田徹也
〈普遍性〉をつくる哲学―「幸福」と「自由」をいかに守るか― 岩内章太郎
ハイデガー『存在と時間』を解き明かす 池田 喬
公共哲学入門―自由と複数性のある社会のために― 齋藤純一／谷澤正嗣
ブルーフィルムの哲学―「見てはいけない映画」を見る― 吉川 孝
物語としての旧約聖書―人類史に何をもたらしたのか― 月本昭男
国家はなぜ存在するのか―ヘーゲル「法哲学」入門― 大河内泰樹

※在庫品切れの際はご容赦下さい。

NHK BOOKS

＊教育・心理・福祉

身体感覚を取り戻す―腰・ハラ文化の再生―　斎藤　孝
子どもに伝えたい〈三つの力〉―生きる力を鍛える―　斎藤　孝
孤独であるためのレッスン　諸富祥彦
内臓が生みだす心　西原克成
母は娘の人生を支配する―なぜ「母殺し」は難しいのか―　斎藤　環
福祉の思想　糸賀一雄
アドラー 人生を生き抜く心理学　岸見一郎
「人間国家」への改革―参加保障型の福祉社会をつくる―　神野直彦

＊文学・古典

ドストエフスキイ―その生涯と作品―　埴谷雄高
ドストエフスキー 父殺しの文学(上)(下)　亀山郁夫
伝える! 作文の練習問題　野内良三
宮崎駿論―神々と子どもたちの物語―　杉田俊介
万葉集―時代と作品―　木俣　修
西行の風景　桑子敏雄
深読みジェイン・オースティン―恋愛心理を解剖する―　廣野由美子
「古今和歌集」の創造力　鈴木宏子
最新版 論文の教室―レポートから卒論まで―　戸田山和久
「新しい時代」の文学論―夏目漱石、大江健三郎、そして3・11後へ―　奥　憲介
「和歌所」の鎌倉時代―勅撰集はいかに編纂され、なぜ続いたか―　小川剛生

※在庫品切れの際はご容赦下さい。

NHK BOOKS

＊言語

＊芸術

※在庫品切れの際はご容赦下さい。